Mehr Papier Design

Mehr Papier Design

**Wirkung und Möglichkeiten von Papier
in Design und Architektur**

Text und Design
Nancy Williams

Phaidon Verlag
Oranienburger Straße 27
D–10117 Berlin

www.phaidon.com

Deutsche Erstausgabe 2005
© 2005 Phaidon Press Limited

ISBN 0 7148 9472 9

Übersetzung aus dem Englischen
von Jana Szeponik

Gedruckt in China

Mehr Papier Design Inhalt

Hinweis der Autorin

Der Einband und viele Trenn-
seiten zwischen den Kapiteln
laden den Leser ein, selbst
Hand anzulegen. Das sich durch
das gesamte Buch hindurch-
ziehende dunkle Quadrat ■ gibt
an, dass sich das jeweilige
Projekt in irgendeiner Form auf
Recycling stützt; dabei kann es
sich um das verarbeitete Papier
oder sonstiges Material bzw.
Restmaterial handeln.

Papier ist einfach unschlagbar. Man kann es beschreiben und bedrucken, man kann darauf zeichnen und malen, man kann es schneiden und falzen, man kann es formen –, und das ist längst nicht alles: Die Liste ließe sich beliebig erweitern. Nicht nur Designer schätzen seine Eigenschaften und wissen um seine Bedeutung. Als man unlängst führende Mathematiker und Naturwissenschaftler in einer Umfrage aufforderte, die für sie wichtigsten Erfindungen der letzten beiden Jahrtausende zu benennen, gaben diese auch die Entdeckung von Papier an. Begründet wurde die Wahl mit der Rolle, die Papier beim Abbau von Schranken in Raum und Zeit gespielt habe, so beispielloses Wachstum erlaubt und ungeahnte Möglichkeiten eröffnet habe.

Geschichte Die Geschichte von Papier fasziniert. Eigentlich müsste man meinen, dass Papierherstellungsverfahren auf der Welt rasch Verbreitung fanden. Doch es sollte über 1000 Jahre dauern, bis diese Fertigkeiten von Ost nach West gelangten. Nicht minder überrascht es, dass es bei dieser eher unkomplizierten Technologie vom Zeitpunkt der Einführung in der Regel 200 bis 300 Jahre brauchte, bis man gelernt hatte, Papier auch herzustellen.

Im Westen betrachtet man Papier im Allgemeinen als gewöhnliches, wenngleich wichtiges Verbrauchsmaterial. Im Osten dagegen zählte Papier einst zu den kostbarsten Materialien. Papier kam zuerst in China auf, wo es gegen Ende des 1. Jahrhunderts in der Han-Dynastie am Hofe Kaiser Ho Tis gefertigt wurde. Tsai Lun, der für die kaiserliche Bibliothek zuständige Hofbeamte, suchte nach einer Aufbewahrungsform für Informationen, die optimalere Möglichkeiten bot als Bambus und Seide, die man damals zu diesem Zwecke nutzte. Jahr um Jahr arbeitete er mit Handwerkern an der Weiterentwicklung von Verfahren, derer man sich zuvor für die Herstellung von Stoffen und Verpackungen bedient hatte. Beim Experimentieren mit allerlei Material stieß er auf die Rinde des Maulbeerbaums und fand heraus, dass sich diese als Ausgangsstoff für Papierfasern am besten eignete. Daraus ließ sich ein glatter, biegsamer Bogen herstellen – der Vorläufer des heutigen Schreibpapiers.

500 Jahre später brachte ein buddhistischer Priester aus Korea Papier in Form heiliger Texte nach Japan. Sobald sich die Japaner das Wissen um elementare Fertigkeiten der Papierherstellung angeeignet hatten, setzten sie alles daran, die Oberflächenqualität zu verbessern und brachten es dabei zu wachsender Raffinesse.

8 Ursprünglich nutzte man Papier für religiöse Schriften, doch schon bald stieg die Nachfrage enorm, und das Material stand zunehmend für finanziellen, intellektuellen und geistigen Reichtum. Schließlich verehrte man das Papier selbst wie auch die Papierherstellung, die – ähnlich der Zeremonie des Teezubereitens – als Kunst angesehen wurde. Diese Hochachtung, die Japaner Papier entgegenbringen, mag auch erklären, warum sie es wie kein anderes Volk verstanden haben, sein Anwendungspotenzial auszureizen. Die Japaner glauben an Papier und sind bereit, in diese Überzeugung zu investieren. So wie die Inuit über eine Unmenge an Wörtern für Schnee verfügen, gibt es im Japanischen zahllose Begriffe, die verschiedene Papiertypen, deren Oberflächenbeschaffenheit und Verwendung bezeichnen (siehe Fachbegriffe und Techniken).

Aufgrund der extremen Langfaserigkeit ihres Papiers (2–15 Millimeter gegenüber weniger als 2 Millimeter im Westen) stellen Japaner aus diesem Material schon seit langem Dinge wie Kleidung, Besteck, Innenausstattungen und Spielzeug her. Papier hatte sich zu einem wichtigen Wirtschaftsfaktor entwickelt und stand in der Exportstatistik nach Reis an zweiter Stelle. So verwundert es kaum, dass sich Japaner stets überall dort hervortun, wo es um Papier geht.

Im 8. Jahrhundert verbreitete sich die Papierherstellung von Japan über Zentralasien nach Bagdad und von dort weiter nach Damaskus. Doch erst im 11. Jahrhundert gelangte diese Kunst nach Spanien, und es mussten – so unglaublich es klingt – noch weitere 500 Jahre vergehen, bis man auch im übrigen Europa Papier herzustellen verstand. In Russland bzw. in den Vereinigten Staaten von Amerika geschah das nicht vor Ende des 17. Jahrhunderts.

Renaissance Obwohl man mit dem Einzug des PCs überall den Rückgang von Papierprodukten erwartete, scheint genau das Gegenteil eingetreten zu sein – Papier wird mehr denn je verwendet. Von Jahr zu Jahr steigt die Papierproduktion, und dieser Umstand ist wohl nicht nur der Flut von Werbematerial zuzuschreiben, die per Post oder mit Zeitschriften ins Haus kommt.

Designer aller Sparten haben Papier wiederentdeckt und sind nach einer Neubewertung seiner Fähigkeiten, die man im Großen und Ganzen für selbstverständlich hielt, zu dem Schluss gekommen, dass sich mit Papier Außergewöhnliches anstellen lässt. Papierhersteller suchen mit immer neuen Produkten den stetig wachsenden Markt zu versorgen. Mittlerweile gehören wärmeempfindliche, mit Einschlüssen jeglicher Art versehene, technologisch hoch entwickelte Papiersorten zum Standard. Es gibt Papier mit gummierter Oberfläche, Papier, das so ausgerüstet ist, dass es sich leichter falten lässt; Papier kann reißfest oder sogar waschbar sein. Angeboten werden Papier mit Perlmutt-Optik, Papier mit metallisch glänzender Oberfläche und sonstige Transparentpapiere. Man hat die Wahl zwischen vorgedrucktem Papier, Velourspapier, Furnierpapier und besticktem Papier. Schier endlos erscheint das Angebot.

Neben Papieren, die speziell für Designer, Handwerker und Künstler gefertigt werden, existiert eine Vielfalt an zweckgebundenen Sorten wie z. B. Filterpapier, Linsentücher oder Sandpapier. Das wiederum eröffnet dem Designer ein noch breiteres Spektrum von Möglichkeiten.

Handgeschöpftes Papier Nicht nur in Japan, sondern weltweit wird heute das Papierschöpfen von Hand erneut als Kunst betrachtet. Nachdem dieses Handwerk in den 1960er Jahren in Amerika wieder auflebte, liegt den Leuten vom Fach seine Verbreitung sehr am Herzen. Heute wird Papierherstellung an Schulen und Hochschulen gelehrt. Wer Papier selbst herstellen will, kann sich die notwendigen Utensilien und Anleitungen in einschlägigen Geschäften oder über das Internet beschaffen. Es erscheinen sogar regelmäßig Zeitschriften zu diesem Thema.

Die auf dem Markt erhältliche Vielfalt handgeschöpfter Papiere aus aller Herren Länder beeindruckt, schaut man einmal auf die Herkunft verschiedenster Sorten bei Papierhändlern der gehobenen Klasse: Die Ware stammt aus Ägypten, China, Korea, Mexiko, Nepal, den Philippinen und Thailand. Viele dieser Länder, besonders China, besitzen eine lange Tradition auf diesem Gebiet. Doch es ist noch gar nicht so lange her, dass die gestiegene Nachfrage im Westen diese Länder erneut zur Wiederausfuhr bewegte.

Papierherstellungstechniken brauchten zwar eine Weile, ehe sie die Welt eroberten, doch moderate Startkosten verhelfen dieser Branche allmählich zur Verbreitung in vielen Entwicklungsländern. Hilfsorganisationen arbeiten zusammen mit Kommunen am Aufbau einer Papierproduktion für die Eigenversorgung und zur Ankurbelung der Wirtschaft.

Recycling Während man im Westen das Konzept des Recyclings als relativ neu betrachtet, war es überall sonst auf der Welt bereits von Anfang an Praxis. In Kulturen, in denen Papier als kostbares Gut galt, war es nur natürlich, dass man jeden verwendbaren Schnipsel wiederverwertete. Spezielle Begriffe für diese Papiersorten prägte man bereits um 800 n. Chr.

Zu guter Letzt freundete man sich auch im Westen voll und ganz mit dem Gedanken des Recyclings an, obwohl noch vor zehn Jahren einige Papierhersteller echtes Recycling-Papier noch nicht ins Programm nehmen mochten. Ähnlich ging es vielen Designern und Auftraggebern, die aufgrund wahrnehmbarer Abstriche bei der Reproduktionsqualität nur zögernd auf Recycling-Material zurückgriffen. Heute ist jedermann daran interessiert, als umweltfreundlich zu gelten. Hinzu kommt, dass sich dank verfeinerter Produktionstechniken die Druckoberfläche, die Recycling-Papier bietet, von der des Frischfaser-Papiers qualitativ kaum mehr unterscheiden lässt. Inzwischen haben Designer die Eigenschaften offenkundig recycelten Papiers schätzen gelernt; sie finden Gefallen an seiner Ehrlichkeit und seinem äußeren Erscheinungsbild.

Als man im Westen die Produktion von Recycling-Papier aufnahm, entbrannten hitzige Debatten über die Effizienz des Unterfangens, obschon gegenwärtig sowohl die ökonomischen als auch die öko-logischen Vorteile allgemein anerkannt sind. Für viele Papierhersteller ist dieser Gesichtspunkt so wichtig, dass sie heute in umfangreichen ökologischen Grundsatzpapieren den Produktionsprozess in all seinen Aspekten von der Warte der Energieeffizienz sowie der Auswirkungen auf die Umwelt beleuchten. Dabei geht es darum, in der Umwelt so wenig Spuren wie möglich zu hinterlassen, und viele Unternehmen dürfen sich hier ihrer Anstrengungen zu Recht rühmen. Mancherorts geht man sogar soweit, so genannte Papierprofile zu erstellen, die detailliert über das jeweilige Papier und dessen Produktionsprozess Auskunft geben. Dazu gehören Zusammensetzung, Umweltparameter und Management ebenso wie die Holzbeschaffung, so dass sich der engagierte Verbraucher informiert für die entsprechende Sorte entscheiden kann.

Inzwischen zählt die Papierindustrie zu den Branchen mit der höchsten Recycling-Rate. In Großbritannien steht sie sogar an erster Stelle, nach-dem in den letzten zehn Jahren das Volumen um mehr als 80 Prozent stieg. Die Wiederverwertung von Glas macht im Vergleich lediglich ein Drittel, die von Kunststoffen nur ein Neuntel des Papier-Recyclings aus. Recycelte Materialien entsprechen gegenwärtig 66 Prozent der Originalproduktion – und das bei einer Beteiligung von lediglich zwei Dritteln aller Papierhersteller. In vielen europäischen Ländern werden sogar noch bessere Werte erreicht. Österreich führt nahezu 100 Prozent des gesammelten Papiers der Wiederverwertung zu, Schweden liegt nicht weit dahinter.

Die eigentliche Quelle, aus der das Recycling-Produkt stammte, blieb einst recht anonym, so dass man vielleicht nur erfuhr, dass etwas aus Alttextilien oder Verbraucherabfällen hergestellt worden war. Heute informieren Papierbetriebe ihre Kunden stolz über die Herkunft ihrer Produkte. Es existieren sogar verschiedene aus Bieretiketten recycelte Papiere, die die Namen der jeweiligen Biersorten tragen. Darüber hinaus

gibt es eine Vielzahl von Produkten aus wiederverwertetem Karton, denen man ihre Abstammung deutlich ansieht.

Recycling ist kein bloßes Aus-alt-mach-neu. Oft entsteht dabei aus einem überflüssigen bzw. verbrauchten Produkt etwas ganz anderes – so z. B. aus einem Plakat ein Abfalleimer. Manchmal geht es darum, jedes Fitzelchen Papier oder Pappe zu nutzen, so dass sich ein Abfallprodukt ganz und gar in ein neues Produkt verwandelt. In diesem Ansatz steckt etwas zutiefst Befriedigendes, und es ist ermutigend zu sehen, wie viele Designer sich branchenübergreifend dieses Prinzip zu eigen machen und danach arbeiten.

Zusammenfassung Denkt man einmal darüber nach, so kommt Papier fast überall im Alltag vor – egal, ob zu Hause, am Arbeitsplatz oder bei Spiel und Spaß: In der eher prosaischen Toilettenpapierrolle, in Papiertaschentüchern, in der Zeitung, die wir täglich lesen, in den Büromaterialien unseres angeblich papierlosen Büros, im Einwickelpapier und nicht zuletzt im Geld, dessen wir uns beim Kauf all dieser Dinge bedienen. Alles spricht dafür, dass uns Papier noch eine Weile erhalten bleibt und das in stetig neuer Aufmachung. Offensichtlich ist Papier ein so fester Bestandteil unseres Lebens wie unserer Kultur, dass wir wohl nie auf seine Anwendung und Entwicklung werden verzichten können. Dafür genießen wir es viel zu sehr – sein Aussehen, seine taktilen Eigenschaften, ja selbst den Klang, den es erzeugt, sowie die schönen und weniger schönen Dinge, die daraus entstehen.

Natürlich habe ich das Privileg genossen, die in diesem Buch abgebil-deten Arbeiten als auch die, die aus Platzgründen nicht auftauchen, anschauen zu dürfen; und ich hoffe, dass der Leser die folgenden Seiten so interessant wie anregend findet. Ich freue mich auf die kommenden zehn Jahre und auf die findigen Einfälle und Ideen, die Designer und Architekten beim Umgang mit Papier entwickeln.

Mehr Papier Design besteht aus zwei Teilen. Der Abschnitt über das zweidimensionale Gestalten widmet sich dem Grafik-Design, während es beim dreidimensionalen Gestalten um Architektur, Mode, Ausstellung und Skulptur, Verpackung und Produkt, dabei auch dreidimensionaler Aspekte des Grafik-Designs, geht. Manchmal ist die Zuordnung eines Gegenstandes zum zwei- bzw. dreidimensionalen Abschnitt willkürlich, wobei die Arbeiten in den meisten Fällen nach ihren herausstechenden Merkmalen klassifiziert wurden.

Wie schon der Vorgänger **Papier Design** lädt dieses Buch den Leser ein mitzumachen und sich zu Beginn eines jeden Kapitels an verschie-densten Formen und Objekten zu versuchen.

Vor einem Jahrzehnt noch wurde dem auf der Basis von Papier entstehenden Design mit dem Einzug des PCs das baldige Ende prophezeit. Grafik-Designer sorgten sich um ihre Zukunft und befürchteten, dass Kunden, die ihre Kommunikation selbst in die Hand nahmen, ihrer Dienste und Fertigkeiten nicht mehr bedürften. Daraufhin entwickelten sich viele Designer auf technischem Gebiet weiter und konzentrierten sich auf interaktive Kundenlösungen. Nachdem sich jedoch die anfängliche Bedrohung durch das neue Medium verflüchtigt hatte, jeder damit umzugehen verstand und die Grenzen erkannt waren, öffneten sich Raum und Chancen für beide Medien. Die Ironie will es, dass man Papier heute mehr denn je zu schätzen weiß. Dabei spielen und experimentieren Designer mit Papier, wie es in der Vergangenheit nur wenige taten. Dieser Trend spiegelt sich vielleicht auch in der Tatsache, dass der Papierverbrauch in den letzten zehn Jahren um 30 Prozent gestiegen ist.

Das Hauptanliegen vieler Designer ist es, und ich nehme mich da nicht aus, ein originäres Objekt zu schaffen. Das wird zunehmend untergraben. Heute stehen viele Designarbeiten der Kunst näher als der traditionellen Grafik; sie sind vielfach das Ergebnis selbst initiierter Projekte, weit weniger das Resultat von Kundenvorgaben. Das lässt schon aufhorchen, betrachtete man doch Grafik-Design bisher im Allgemeinen als armen Verwandten der schönen Künste. Mehr und mehr interessieren sich Designer dafür, was sich mit Papier so alles anstellen lässt. Sie studieren alte Techniken, entwickeln neue und schaffen dabei Werke, die von Schönheit ebenso wie vom Ausdruck der eigenen Persönlichkeit zeugen. So wie Modetrends facettenreicher und individueller werden, so hat sich in der Folge auch das Grafik-Design entwickelt: Es ist lockerer geworden und wartet oft mit schrägen und amüsanten Lösungen ganz eigener Art auf. Diese Tatsache bezeugt die stilistische Vielfalt, die aus ein und derselben Design-Agentur kommt – von der industriell gefertigten Hochglanzbroschüre bis zum rustikalen Handdruck auf ungebleichtem Recycling-Papier. Dahinter steckt die Überzeugung, dass Designer das gleiche Recht haben sich auszudrücken wie jeder andere auch. Papier ist das Medium ihrer Wahl.

Erfreulich ist zudem, dass Designer sich immer noch behaupten können, wenn es um den Wert einer Produktion geht. Viele der ungewöhnlichen Druck- und Veredelungstechniken sind ganz gewiss nicht billig, und ihre Exponenten lassen sich selten leicht ausmachen. Nur wenn wir diese Verfahren beschreiben, haben sie eine Chance zu überleben.

12 **Oberflächenqualitäten und -effekte** Wie bereits erwähnt, ist die dem Grafik-Designer zu Gebote stehende Papiervielfalt so groß wie nie, auch wenn einige kleinere Hersteller verschwunden sein mögen. Die Arbeiten in diesem Abschnitt machen deutlich, dass mit der Wahl des richtigen Papiers alles steht und fällt, und dass es in einigen Fällen außer schlichtem Druck nichts braucht, um die gewünschte Wirkung zu erzielen. An den Beispielen lässt sich überdies ablesen, wie sich die einem Papier innewohnenden Qualitäten und Eigenschaften nutzen lassen, um Interesse zu wecken und Spannung zu erzeugen. Wir schauen uns an, wie man neue und traditionelle Techniken einsetzen kann, um zu raffinierten, innovativen Ergebnissen zu kommen. Mehr noch, das Standardrüstzeug des Designers im Bereich der Oberflächeneffekte wird um die Mittel Reißen, Knüllen, ja selbst Brennen erweitert, was auch immer den gewünschten Effekt erzielen mag. Der Vielfalt sind keine Grenzen gesetzt.

Schneiden und Falzen Obwohl es sich beim Schneiden und Falzen um die elementarsten Veredelungstechniken handelt, über die ein Designer verfügt, ist es doch erstaunlich, was sich mit etwas Findigkeit und Fantasie erreichen lässt. Selbst ein gestanztes Loch kann, wenn geschickt platziert, betonen oder neugierig machen, eine ganze Reihe solcher Löcher kann umwerfend wirken. Mit dem Aufkommen des Laserschnitts werden Feinheit und Zartheit der in das Papier einge- brachten bildlichen Darstellung atemberaubend. Beim Falzen kann allein schon Asymmetrie, egal ob in der Länge oder im Winkel, zu faszinieren- den Resultaten führen. Durch Falten lässt sich ein gewöhnliches Blatt Papier in einen dreidimensionalen Gegenstand bzw. eine Struktur verwandeln – Origami verkörpert diese Kunst in ganz besonderer Weise. Schneiden und Falzen zusammen lassen unendlich viele Möglichkeiten zu, die im Pop-up gipfeln.

Viele der Arbeiten hier zeigen, was sich erreichen lässt, wenn ein Designer über den Tellerrand hinausschaut. Eines der genialsten Projekte in diesem Abschnitt nutzt einfache Stanzarbeiten auf aufeinander folgenden Seiten, die ineinander greifend die Seiten binden. Ein anderes bedient sich äußerst schlichter Stanz- und Falztechniken, um ein exquisites Modell samt Behältnis hervorzubringen.

Binden Wenn es um Bindeverfahren geht, so halten sich Grafik-Designer im Großen und Ganzen an die Klebebindung. Und doch gibt es weitaus mehr Techniken, die sich – angefangen vom Zusammenfalten zweier Papierstücke bis hin zur vollendeten Buchbindung – zu diesem Zwecke nutzen lassen: Heften bzw. Drahtheften, Rückstich-, Spiral- oder Drahtkamm-Bindung, Gummibänder, Nieten, Kunststoff- bzw. Metall- Verschraubungen oder Fadenheftung.

Wie schon beim Falzen lässt sich auch beim Binden von Schriftstücken oder Büchern durch Asymmetrien aus Gewöhnlichem Außergewöhnliches machen. Auch Seitengrößen müssen nicht unbedingt einheitlich sein – unterschiedliches Ausgangspapier darf eingesetzt werden. Kombiniert man Binden und Falzen, so eröffnen sich wiederum unzählige Möglichkeiten. Dabei muss man sich nicht auf Fensterfalz beschränken, gefalzt werden kann in alle Richtungen. Möglich sind auch Leporellofalzungen und Kreuz- falzungen, welche sich wachsender Beliebtheit erfreuen. Und warum eigentlich nur ein Buch binden, wenn sich auch zwei, drei oder mehrere inhaltlich miteinander verbundene Bücher zusammenfügen lassen?

Hier haben wir eines der umfangreicheren Kapitel mit einigen der originells- ten Arbeiten vor uns. Es scheint, als verlangte es Designer danach, sich als Buchbinder zu versuchen. Während dieses Handwerk in der Vergangenheit den Profis sowie einigen wenigen Experten unter den Grafik-Designern vorbehalten war, scheinen heute viele in der Buchbinderei zu Hause sein zu wollen. Obwohl sich einige der eindrucksvollsten Beispiele komplizierter Buchbindetechniken bedienen, wird doch in einer Vielzahl der Fälle auf einfachste Verfahren zurückgegriffen. Hier ist es das Unerwartete, das Neues, Innovatives hervorbringt.

Interaktives Gestalten Obschon dieser Begriff seine weiteste Verbreitung in der Welt der Computer findet, ist es auch im Grafik-Design schon lange gang und gäbe, dass Designer ihre Arbeiten ganz bewusst auf den Adressaten ausrichten und diesen zum Mitgestalten einladen. Was kann es Schöneres geben, als bei der Entstehung eines Objektes mitzuwirken? Das Spannende daran, keiner weiß so recht, was zum Schluss herauskommt: Die Ergebnisse sind so vielfältig wie die Schar der Mitwirkenden. Viele der Ansätze gehen auf Kinderspiele bzw. auf Spielzeug zurück, andere sind eher funktional. Wie dem auch sei, hier geht es um Spaß und Freude.

Mischtechniken Häufig fällt die abschnittsweise Zuordnung einer bestimmten Arbeit nicht leicht, doch in der Regel lässt sich ein hervor- stechendes Merkmal ausmachen, das den entsprechenden Ort definiert. Trotzdem kommt es vor, dass Merkmale so ausgewogen vorhanden sind, dass sie sich jeglicher Kategorisierung entziehen. Genau diese Projekte finden sich hier neben den Arbeiten, die außer Papier noch andere Materialien einbeziehen.

Designer offenbaren zunehmend Kühnheit und Abenteuerlust beim Umgang mit Materialien, die nicht aus Papier sind. Zahlreiche Entwürfe verraten viel Witz und Humor, was möglicherweise auf die freie Verwendung eines neuen Mediums zurückzuführen ist. Im Allgemeinen sind sie aber alle mit Papier kombiniert, dem Stoff, der noch immer die beste Oberfläche für jegliche Kommunikation bietet.

Mehr Papier Design Oberflächenqualitäten und -effekte

14

Oft sind es die einfachen Dinge, die wirken. Hier wird für einen Werbetexter auf schlichtem Zuckerrohrpapier und in extrem schmalem Format eine Geschichte aus Einzeilern aufgebaut und in ihrer Spannung betont ■

Land
Großbritannien
Design
hat-trick design
Designer
Gareth Howat
Jim Sutherland
Artdirectors
Gareth Howat
David Kimpton
Jim Sutherland
Auftraggeber
Scott Perry
Druckerei
Gavin Martin Associates
Material
Dickdruckpapier

Qualität und Ehrlichkeit prädestinieren diese bescheidene Eierkiste geradezu zum Werbeträger für ein Buch über Verpackungsdesign. Im Siebdruckverfahren wurde die Einladung auf Standard-Eierverpackungen aufgebracht, die in Federn gehüllt versandt wurden ■

Land
Großbritannien
Design
Lippa Pearce Design
Designer
Harry Pearce
Auftraggeber
Lippa Pearce Design
Druckerei
68 Frank
Material
Eierverpackung/
Fertigprodukt

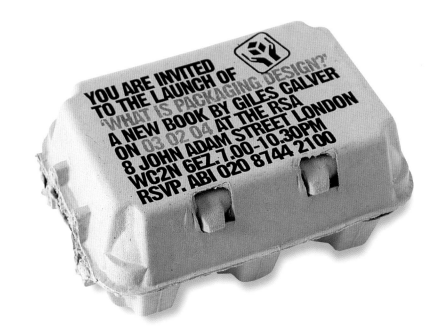

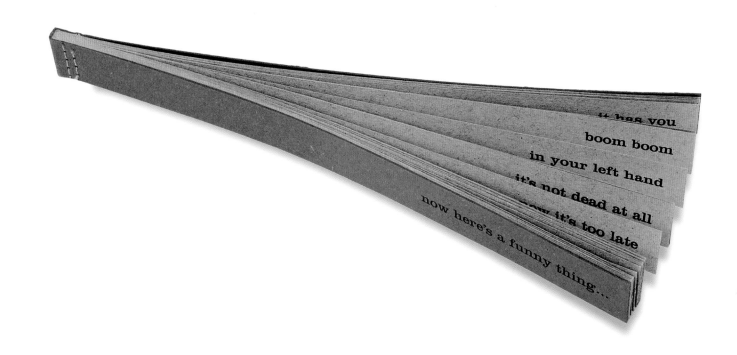

16 Für die meisten Mennoniten
bleibt die Bibel das einzige
Buch, das sie zeit ihres Lebens
lesen. Von dieser Überlegung
gingen die Designer des
eleganten, besinnlichen Bild-
bandes aus, der den Aufenthalt
des Fotografen Larry Towell
bei dieser Minderheit festhält.
Um zwischen Lesen und
Schauen zu differenzieren,
wurde für den Text dünnes
Bibeldruckpapier, für die Bilder
matt gestrichenes Kunstdruckpapier verwendet. Zudem
wurde das Dünndruckpapier
dem fotografischen Raster,
nicht dem Seitenraster
angepasst. Den Einfluss der
Bibel betonen ein schlichter,
schwarzer Leineneinband,
Schuber und Lesebändchen.

Land
Großbritannien
Design
Atelier Works
Designer
Quentin Newark
David Hawkins
Fotograf
Larry Towell
Auftraggeber
Phaidon Press
Material
Bibeldruckpapier
Matt gestrichenes
Kunstdruckpapier

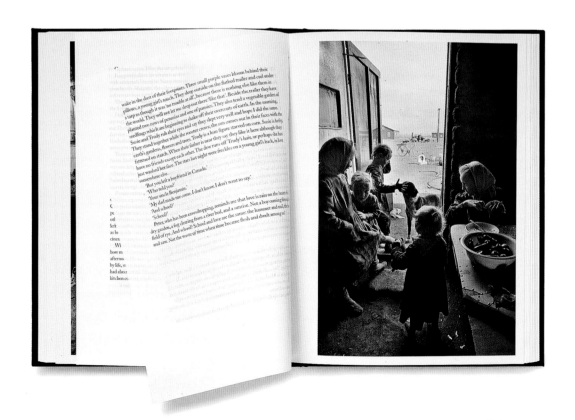

Für die Einladung zu seiner „Hochzeit im Grünen" verwendete der Designer Bibeldruckpapier. So raffiniert gefaltet, dass der Text verschwindet, schien sie beim Herausziehen aus dem Schuber nur mit Blumen bedeckt. Dem Anlass entsprechend spiegelt sich das feine Papier mit seinen Stärken in der von zarten Blumen übersäten Wiese.

Land
Großbritannien
Design
Cartlidge Levene
Designer
Ian Cartlidge
Auftraggeber
Ian & Jo Cartlidge
Druckerei
CTD Printers
Material
Offenbach
Bibeldruckpapier
40 g/m²

18 Bei dieser Grußkartenserie
macht sich der Designer die
Transparenz des Pergamin-
Fensters zunutze und spielt mit
der eingesteckten Karte. So
„entzünden" sich, zieht man die
Karte heraus, die Kerzen eines
auf die Umschlaginnenseite
aufgebrachten Leuchters an den
Kerzen einer Geburtstagstorte.

Land
Japan
Design
Draft
Designer
Yoshie Watanabe
Auftraggeber
D-BROS
Druckerei
Taiyo Printing Company
Material
Moderatone 128 g/m²
Take-bulky 256 g/m²

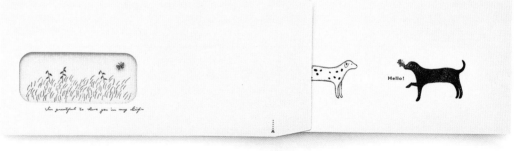

Die Kombination von opakem und transparentem Material verleiht diesem Geschäftspapier eines Software-Entwicklers ein vielschichtiges Äußeres. Die Briefköpfe und die gestanzten Visitenkarten nutzen die Licht-undurchlässigkeit des Papiers aus und tragen verschiedene Farbbilder auf der Rückseite. Hat man sich einmal für den aufwändigeren Farbdruck entschieden, fallen die Extra-kosten für die Mehrfachbilder nicht mehr ins Gewicht. Die Transparenz der vorgedruckten Briefumschläge weckt unsere Neugier und verlockt uns, einen Blick auf den farbigen Inhalt zu werfen.

Land
Kanada
Design
Iridium
Designer/Artdirector
Mario L'Écuyer
Auftraggeber
Nexware Corporation
Druckerei
Beauregard Printers
Stanzarbeiten
BLM Trade Printers
Hersteller
Umschläge: Enveloppe
Laurentide
Material
Gilbert Esse Texture White
Gilbert Gilclear Oxford

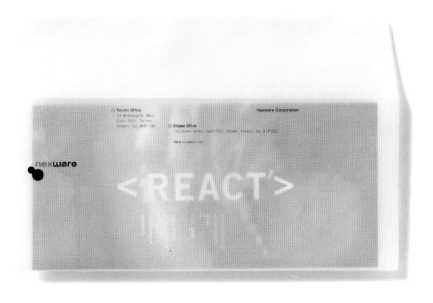

20 Für diese Hochzeitseinladung
griff man auf eine Papier-
eigenschaft zurück, die man
in der Regel meidet: die Reiß-
fähigkeit. Die Wirkung ist brillant.
Man muss die Einladung
aufreißen, um an den Text
zu gelangen, der die
Unzertrennlichkeit des
Paares ausdrückt.

Land
Singapur
Design
Kinetic Singapore
Designer
Pann Lim
Roy Poh
Artdirectors
Pann Lim
Andrew Lok
Auftraggeber
Lin Lim
Andrew Lok
Druckerei
Shotech Press
Material
**Kunstdruck-
karton 300 g/m²**

A WEDDING
INVITATION

IT'S HARD
TO TEAR
US APART.
So we decided to get married.
And we'd like you to be there.
It's at 6pm (the ceremony
starts at 7pm), on the 25th of May
at Tanjong Beach on Sentosa.
Kindly email us at
tanjongbeach@yahoo.com
to confirm your attendance.
Thank you.
Lin Lim & Andrew Lok

Für diesen Geschäftsbericht
wählte man zerrissene und
anschließend mit durchsichtigem
Klebeband reparierte Fotografien, effektvoll gedruckt und
UV-lackiert. Sie versinnbildlichen
die Arbeit einer Organisation,
die Menschen hilft, ihr Leben
aus Bruchstücken wieder
zusammenzufügen.

Land
Großbritannien
Design
hat-trick design
Designer/Artdirectors
Gareth Howat
David Kimpton
Jim Sutherland
Auftraggeber
Fairbridge
Druckerei
Boss Print
Material
Command matt 180 g/m²,
350 g/m²

22

Bei der Gestaltung dieses
amerikanischen Jahrbuches für
Fotografie besann man sich auf
eine Technik, die heutzutage
leider selten Verwendung findet.
Was anmutet wie ein abstraktes
Muster auf den Seitenrändern,
entpuppt sich beim Blättern als
Landschaft. Dieser Effekt lässt
sich erzielen, indem man um
den Rand einer jeden
Seite herum fortlaufend
scheibchenweise das Bild
aufbringt.

Land
USA
Design
Sagmeister Inc
Designer
Hjalti Karlsson
Stefan Sagmeister
Artdirector
Stefan Sagmeister
Auftraggeber
Amilus
Material
Matt gestrichenes
Kunstdruckpapier
100 g/m²

Das Tagebuch bot sich hier als Werbeträger für eine neue 12-Farben-Druckmaschine an. Im Kern besteht es aus zwölf Seiten mit rein grafischen Mustern, wobei jedem Druckwerk eine bestimmte Grundfarbe vorbehalten ist. Durch die Stanzöffnungen werden weitere Muster sichtbar. Auf dem Einband erkennt man eine blindgeprägte Darstellung der zwölf Kalendermonate.

Land
Großbritannien
Design
williams and phoa
Designer
Clifford Hiscock
Anthony Coyne
Valerie Kiock
Justin Davies
Auftraggeber
Taylor Bloxham
Druckerei
Taylor Bloxham
Material
Premier Essential Gloss
Premier Essential Offset
Skivertex Vicuana 5232

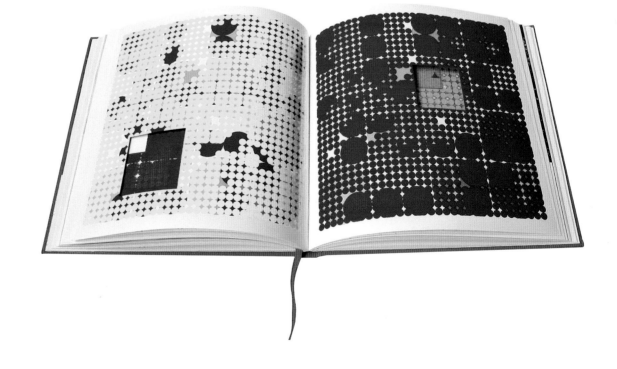

Für den Einband dieser
Broschüre, die eine führende
Grundstücksgesellschaft
in Auftrag gegeben hatte,
verwendete man eine
Luftaufnahme der Londoner
City, die im Prägedruck als
fein aufgesetztes Relief
erscheint.

Land
Großbritannien
Design
hat-trick design
Designer/Artdirectors
Gareth Howat
David Kimpton
Jim Sutherland
Auftraggeber
Land Securities
Druckerei
Gavin Martin Associates
Material
Colorplan 350 g/m²

Dieses zarte, unaufdringliche
Briefpapier für ein Innenarchitekturbüro spielt mit der
Spannung zwischen stark
glänzender und matter
Oberfläche. Mit der Schrift
auf dem Briefkopf haben wir
eine auf Hochglanz-Etiketten-
papier geprägte weiße Mattfolie
vor uns, während auf der
Visitenkarte Blindprägung und
Mattlackierung kombiniert sind.

Land
Großbritannien
Design
MadeThought
Designer
Ben Parker
Paul Austin
Auftraggeber
Jump
Druckerei
R Young & Son
Material
Briefkopf: Astralux
Label 115 g/m²
Visitenkarte:
Chromolux 300 g/m²

Zur Feier des 40-jährigen Jubiläums von D&AD entwarf man in Anlehnung an den Grafikstil der 1940er Jahre ein Festthema, das Glanzpunkte setzt. Der Einband von Einladung und Erinnerungsbuch ist im Dufex-Druck entstanden, einem Verfahren, das außerhalb der Glitzerwelt der Weihnachtskarten kaum anzutreffen ist. Erreicht wird dieser blendende Effekt, indem man ein speziell konfektioniertes Folienlaminat zusammen mit einer gravierten Prägeplatte verwendet.

Land
Großbritannien
Design
NB: Studio
Designer
Nick Vincent
Artdirectors
Nick Finney
Ben Stott
Alan Dye
Auftraggeber
D&AD 'Forty'
Druckerei
FJ Warren
Material
Dufex

Die Nummer 5 der von Mohawk Paper Mills herausgegebenen Zeitschriftenreihe *Rethinking Design* ist dem Einfluss von Subkultur auf Design gewidmet. Als Standard-Paperback gewandet, lässt es die in Grellmetallic gehaltene Folienprägung der Grafik – der Jargon der Trivialliteratur – mit der glatten, samtenen Oberfläche des Papiers kontrastieren.

27

Land
USA
Design
Pentagram, New York
Designer
Michael Bierut
Jacqueline Thaw
Artdirector
Michael Bierut
Auftraggeber
Mohawk Paper Mills
Druckerei
George Rice & Sons
Material
Mohawk Superfine

28 Die in kräftigem Pink
leuchtenden Seiten dieses
handgearbeiteten Buches
wurden mehrmals zerknüllt und
geglättet, zerknittert und wieder
glatt gestrichen, zusammen-
geknüllt und anschließend
gepresst. Beim Durchblättern
sieht das grell fluoreszierende
Papier zunehmend zerknitterter,
abgenutzter und mitge-
nommener aus. Allmählich wird
es weicher, nachgiebiger und
einem Gewebe immer ähnlicher.
Tatsächlich gibt es ein in etwa
so funktionierendes japanisches
Verfahren, bei dem aus
laminiertem Papier Bekleidungs-
material entsteht.

Land
Großbritannien
Designer
Mark Pawson
Auftraggeber
Mark Pawson
Material
**Fluoreszierendes,
pinkfarbenes Papier**

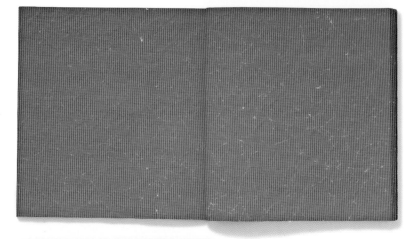

Diese dreidimensionale
Plakatreihe stellt die Leistungs-
stärke einer neuen Fahrrad-
federung im Gelände heraus.
Dabei wurde das Papier so
geknüllt, dass man meint,
Luftaufnahmen des schwierigen
Terrains vor sich zu sehen.

Land
Singapur
Design
Kinetic Singapore
Designer/Artdirectors
Pann Lim
Roy Poh
Auftraggeber
Single Trek Cycle
Druckerei
Koford Press
Material
Kunstdruckpapier 250 g/m²

30   Um dieser luftigen Broschüre
für eine Modedesignerin ein
unverwechselbares Äußeres zu
geben, kaufte man zehn
Bügeleisen und funktionierte
diese zu Druckerpressen um.
Ein Eisen soll fünf Minuten
gebraucht haben, bis es durch
alle 16 Seiten hindurch war.

Land
USA
Design
Sagmeister Inc
Designer
Julia Fuchs
Artdirector
Stefan Sagmeister
Typografie
Matthias Ernstberger
Auftraggeber
Anni Kuan
Druckerei
Jae Kim Printing Company
Material
Zeitungsdruckpapier

32 Um die Atmosphäre des
Zu-Hause-angekommen-Seins
im Hans Brinker Budget Hotel
zu unterstreichen, hat man den
Katalogeinband aus schlichter
Graupappe buchstäblich mit
Lettern und einem Rahmen
bestickt und so das Thema der
traditionellen Handstickereien
im Hause aufgenommen.

Land
Niederlande
Design
KesselsKramer
Designer
Erik Kessels
Krista Rozema
Auftraggeber
Hans Brinker Budget Hotel
Druckerei
Drukkerij Aeroprint
Material
Graupappe
Maschinengestrichenes
Papier

Mehr Papier Design Schneiden und Falzen

34 Vorsichtig das Dreieck an den
Ecken lösen. Die linke obere
Ecke umschlagen und
in den gegenüberliegenden
Schlitz stecken.

Das vielschichtige Äußere dieses
„OOOOOOOOOOOOOOOOOO-
OOOOOOOOOOOOOO"-Buches
entstand auf dem Wege direkten
Recyclings. Die mit Stanzlöchern
versehenen Seiten fallen bei der
Herstellung von Ansteckern an.
Der durch die Öffnungen
verfolgbare Farbaufbau schafft
einen Op-Art-Effekt ■

Land
Großbritannien
Designer
Mark Pawson
Auftraggeber
Mark Pawson
Papier
Farbiges Kopierpapier

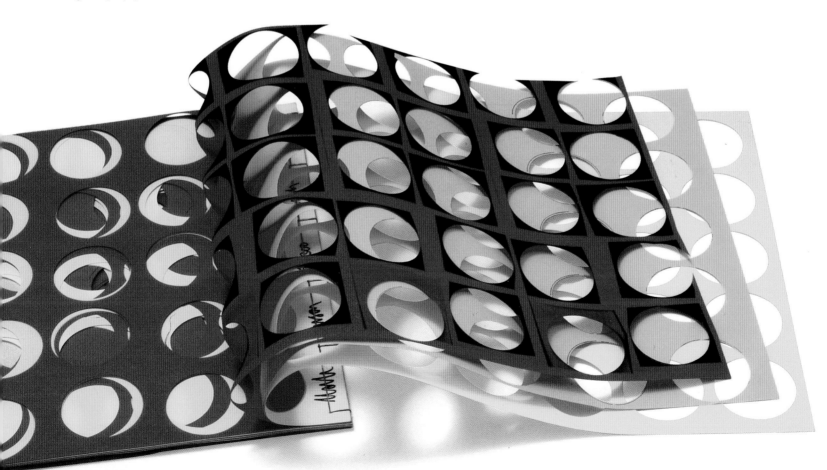

36 Die Zeitschrift *spector cut + paste* stellt die Art, in der wir lesen und Informationen aufnehmen, grundsätzlich infrage. Der Einband illustriert einen Artikel, der hinterfragt, wie Klischees über Medien transportiert und wie sie interpretiert werden. Aufgedruckte Wörter in vorgestanzten Kreisen, durch UV-Lackierung betont, lassen sich herauslösen und geben ein verwandtes oder ein gegensätzliches Wort auf der darunterliegenden Seite frei.

Land
Deutschland
Designer
Markus Dreßen
Oliver Klimpel
Maria Koehn
Druckerei
Union Druckerei
Endfertigung
Mönch OHG
Papier
Zeitungsdruckpapier
Matt gestrichener Karton

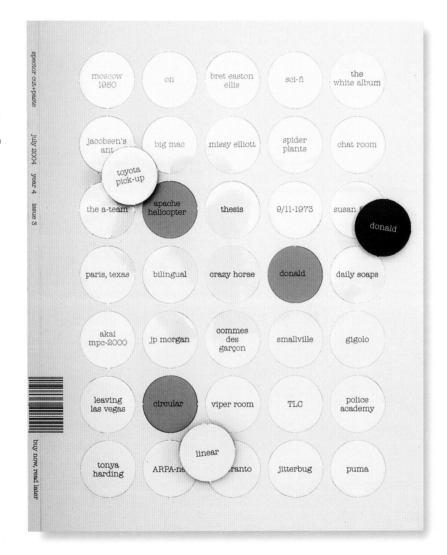

In diesen Briefkopf sind vier Schlitze eingearbeitet, in die sich jeweils eine von mehreren gestanzten Visitenkarten einstecken lässt. Die zweiseitigen Karten, die Firmentätigkeiten abbilden, bedecken entweder den Schriftzug „Kessels" oder „Kramer". Der Empfänger kann sich so nach und nach ein Mini-Portfolio zulegen.

Land
Niederlande
Design
KesselsKramer
Designer
Koeweiden-postma
Auftraggeber
KesselsKramer
Druckerei
Drukkerij Aeroprint
Papier
Biotop, beidseitig seidenmatt
Maschinengestrichener
Karton

Diese für ein Innenarchitekturbüro entworfenen gestanzten Karten, die sich eines Formates von Ray und Charles Eames bedienen, lassen sich beliebig konfiguriert ineinander passen. Das Logo auf dem Schuber verdeckt geschickt die gedruckten und gestanzten Initialen des Auftraggebers.

Land
Großbritannien
Design
hat-trick design
Designer
David Kimpton
Jim Sutherland
Artdirectors
Gareth Howat
David Kimpton
Jim Sutherland
Auftraggeber
Rabih Hage
Druckerei
Boss Print
Papier
Schuber: Colorplan
Real Grey

38

Obwohl dieser Kalender wie
eine Einzelcollage aussieht,
ist er doch das Ergebnis
sorgfältiger Reproduktion. Er
überzeugt vor allem durch
erstaunlich komplexe Stanzarbeiten, die selbst die
Lochungen eines abgerissenen
Notizblattes und die fein
durchbrochene Struktur von
Spitze nachahmen.

Land
Japan
Design
Draft
Designer
Ryosuke Uehara
Auftraggeber
D-BROS
Druckerei
Taiyo Printing Company
Papier
New V matt 81 g/m²
OK Bright rau 90 g/m²
Araveal 105 g/m²

Als Teil des Infomaterials für
einen Icograda-Kongress in
Nagoya bietet diese gestanzte,
mehrschichtige Karte des
Veranstaltungsortes eine echte
Orientierungshilfe und veranschaulicht die Sitzordnung
im Saal.

Land
Japan
Design
Ken Miki & Associates
Designer
Ken Miki
Naoki Ogawa
Shigeyuki Sakaida
Artdirector
Ken Miki
Auftraggeber
Lenkungsausschuss, 2003
Icograda-Kongress Nagoya
Papier
Matt gestrichenes
Kunstdruckpapier

40 Stanzbilder, die mit jeder
Folgeschicht kleiner werden,
lassen diese eindrucksvollen
Grußkarten dreidimensional
wirken.

Land
Japan
Design
Ken Miki & Associates
Designer
Ken Miki
Auftraggeber
Fujie Textile Company
Papier
Kartuschpapier

HAPPY BIRTHDAY

HEART TO HEART

Diese beidseitige Visitenkarte
für einen Designer digitaler
Medien arbeitet mit intelligent
gesetzten Stanzöffnungen, die
sich mit zwei unterschiedlichen
Sets weißer Formen verbinden.
So entsteht auf jeder Seite
eine andere Telefonnummer.
Die Löcher erinnern an die
Lochkarten früherer Rechner.

Land
USA
Design
Elixir Design
Designer
Nathan Durrant
Holly Holmquist
Artdirector
Jennifer Jerde
Auftraggeber
InformationArt
Papier
Seidenmatt gestrichener
Karton

Dieses elegante Geschäftspapier für Artdirectorin und Designerin Debra Zuckerman bedient sich einer sehr schlichten angeschrägten, farblich abgesetzten Kante. Beim Falten entsteht auf raffinierte Weise ein „Z" für den Nachnamen.

Land
Großbritannien
Design
hat-trick design
Designer
Jamie Ellul
Artdirectors
Gareth Howat
David Kimpton
Jim Sutherland
Auftraggeber
Debra Zuckerman
Druckerei
Boss Print
Papier
Zanders Zeta Smooth

42 Für den Band zum 25. Jubiläum stellte Pentagram für sein New Yorker Büro auf die Stadt bezogene Projekte zusammen. Kleinste Laserschnittlöcher, die den feinen Einband durchstoßen, verweisen auf die jeweiligen Standorte sowie auf den Namen des Auftraggebers auf der Seite darunter.

Land
USA
Design
Pentagram, New York
Designer
Sean Carmody
Artdirector
Paula Scher
Auftraggeber
Pentagram, New York
Druckerei
Match
Papier
Matt gestrichenes Kunstdruckpapier

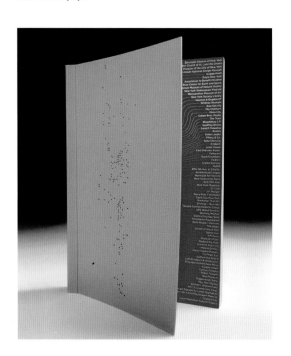

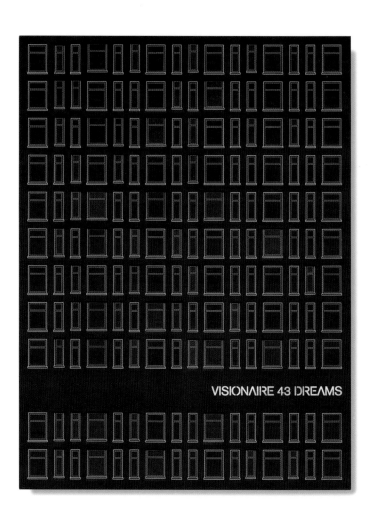

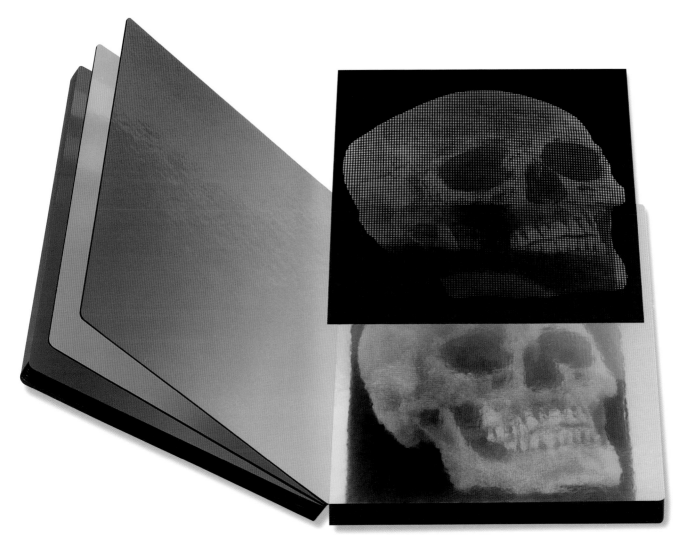

Große Namen finden sich unter **43**
jenen, die Bilder zu dieser
Sammlung der „43 dreams"
lieferten. Reproduziert wurden
die Bilder mit extrem feinem
Laserschnitt, was ihnen passen-
derweise etwas Ätherisches
verleiht. Jede Arbeit liegt
zwischen schützendem Karton,
der einen hochglänzenden
Regenbogen kraftvoller Farben
trägt. Das Buch wohnt regel-
recht in einem von Laserschnitt-
Fenstern durchbrochenen
Schuber. Die Beiträge stammen
u. a. von Maurizio Cattelan,
Adam Fuss, Roni Horn, Steven
Klein, Nick Knight, Karl
Lagerfeld, Inez van Lamsweerde
& Vinoodh Matadin, Robert
Longo, Craig McDean, Simon
Periton, David Sims, Mario
Sorrenti, Philip Taaffe, Bruce
Weber und Rachel Whiteread.

Land
USA
Designer
Aoife Wasser
Carol Pierre Consorti
Artdirector
Greg Foley
Auftraggeber
Visionaire
Papier
**Schwarzer Kunstdruck-
karton 260 g/m²**

44 Von den Autoren als
„skulpturales Papierdesign"
bezeichnet, liegt diese
dreidimensionale Visitenkarte
flach, bevor sie zum Leben
erwacht. Durch wenige
Handgriffe verwandelt sie
sich in einen Würfel, in
dessen Oberfläche die
Weltkarte geprägt ist. Auf
dem Würfelglobus sind die
Firmenstandorte mit ihren
Längen- und Breitengraden
vermerkt.

Land
Japan
Design
Ken Miki & Associates
Designer
Ken Miki
Auftraggeber
Ken Miki & Associates
Papier
Kartuschpapier

Diese raffinierte Infopost wurde ersonnen, um Daniel Libeskinds Vorschlag für den Erweiterungsbau des Victoria and Albert Museum zu erläutern. Nachdem man mit einer zweidimensionalen Broschüre nicht weiterkam, entschied man sich für die dritte Dimension und entwickelte eine Schachtel. Öffnet man diese, kommen Entwurfsmodell und Begleitinformation zum Vorschein. Schachtel und Modell sind gestanzt und mit viel Geduld von Hand aufgebaut.

Land
Großbritannien
Design
johnson banks
Auftraggeber
**Daniel Libeskind Proposal,
Victoria and Albert Museum**
Druckerei
Fernedge
Papier
**Matt gestrichenes
Kunstdruckpapier
400 g/m²**

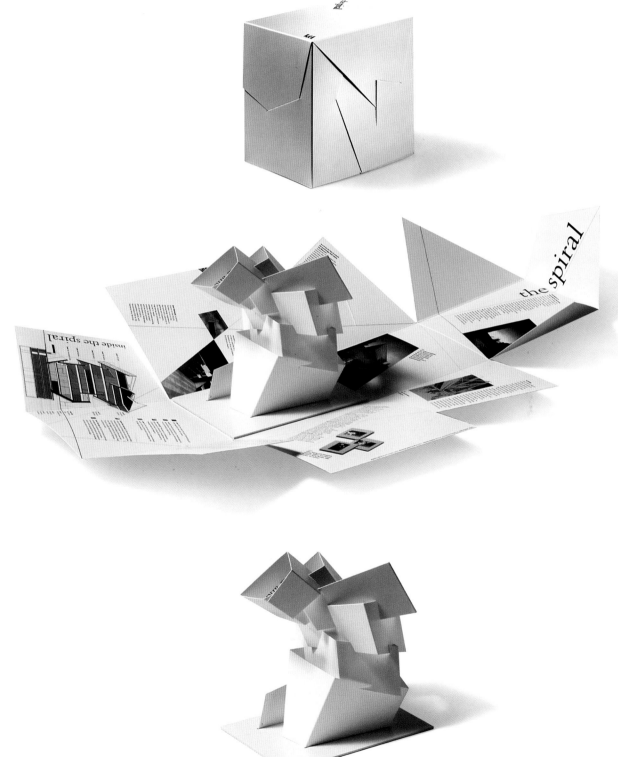

46 Diese schlichte wie elegante Neujahrskarte „hängt" an einem Faden, der von der „2" auf Seite 1, durch die zwei Nullen hindurch bis zur „1" auf der letzten Seite verläuft und so den Eindruck einer durchgehenden Linie schafft.

Land
Japan
Design
Ken Miki & Associates
Designer
Ken Miki
Auftraggeber
Ken Miki & Associates
Papier
Naturkarton, matt

Bei dieser amüsanten Pop-up-Karte vermittelt das Ausschnittbild des Affenschwanzes auf dem Cover über die Verbindung mit dem innen aufgedruckten Affen die Illusion von Bewegung. Der Affe schwingt sich scheinbar nach unten, um den roten Punkt zu erhaschen, sobald die Karte geöffnet wird.

Land
Japan
Design
Draft
Designer
Yoshie Watanabe
Auftraggeber
D-BROS
Druckerei
Sannichi Printing Company
Papier
Felton 198 g/m²

Offenbar waren die Geschichten
vom Kennenlernen dieses
Paares zu heiß für einen
Standarddruck. So sucht man
in dieser wunderbar filigranen
Pop-up-Hochzeitsanzeige
vergeblich nach Gedrucktem.
Die Schrift wurde per Laser
aus dem Papier gebrannt. Die
Geschichten sitzen auf den
feinen Strähnchen, und schaut
man durch sie hindurch, erfährt
man Genaueres über die
Hochzeit.

Land
USA
Design
Sagmeister Inc
Designer
Stefan Sagmeister
Matthias Ernstberger
Miao Wang
Artdirector
Stefan Sagmeister
nach einem Entwurf von
Masahiro Chantani
Auftraggeber
Renee & Robert Wong
Hersteller
Joe Freedman
Hestia House
Stanzarbeiten
Sarabande Press
Papier
Strathmore Writing 350 g/m²

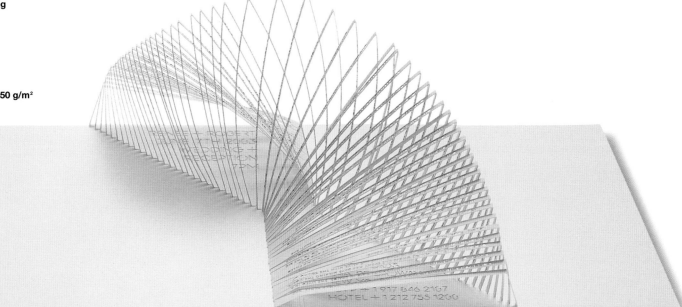

Die Einladung bzw. das Poster
für das Kunst-Event „Ravaudage
urbain" erscheint als Karte der
Veranstaltungsorte. Das Thema
„Verfall der Stadt" aufnehmend,
ist das in Absperrband einge-
wickelte Plakat wie eine Karte
gefaltet. Beim Auseinanderfalten
kommt die unregelmäßige
Stanzform zum Vorschein nebst
sieben Öffnungen, die die
Ausstellungsgruppen darstellen.

Land
Kanada
Design
Kolegram
Designer
Mike Teixeira
Auftraggeber
Axenéo 7
Druckerei
**St. Joseph Corporation
Capital Box**
Stanzarbeiten
BLM Trade Printers
Papier
HannoArt Silk 150 g/m²

Die Broschüre, die den spärlich
bebilderten Internetauftritt dieser
Kunsthochschule ergänzen soll,
enthält 32 Bilder ohne Text.
Angaben zu Hochschule und
Kursangebot finden sich auf
diesem interessant gefalteten
Schutzumschlag, der sich für
Kontaktbörsen und Tage der
offenen Tür in ein A2-Poster
verwandeln lässt.

Land
Großbritannien
Design
MadeThought
Designer
**Ben Parker
Paul Austin**
Auftraggeber
**Ravensbourne College of
Design and Communication**
Druckerei
Perivan Creative Print
Papier
**Textseiten: Consort Royal
Brilliance 170 g/m²
Umschlag/Poster: Kestrel
Offset 170 g/m²**

So einfach wie eindrucksvoll ist das Mittel, das Designer für die visuelle Identität einer „Kunst-fibel"-Reihe erdachten. Ein Etikett lugt durch einen Schlitz auf der Rückseite und trennt so Text und Bild.

Land
Großbritannien
Design
Graphic Thought Facility
Designer
Paul Neale
Auftraggeber
Royal Jelly Factory
Druckerei
**Hong Kong Graphics
and Printing**
Papier
**Textseiten: holzfreies Papier
150 g/m², matt gestrichenes
Kunstdruckpapier 150 g/m²
Umschlag: seidenglänzendes
Kunstdruckpapier 250 g/m²**

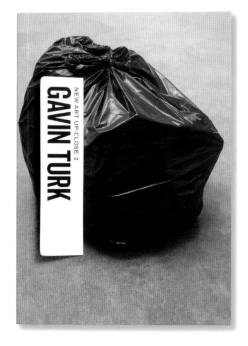

50 Die Idee für diese Menükarte, die ein Papierhersteller für eine Preisverleihung in Auftrag gab, geht auf das beliebte Kinderfaltspiel „Himmel und Hölle" zurück. Bei der analog gefalteten Karte kommt, klappt man die Dreiecke nacheinander auf, die Menüfolge zum Vorschein.

Land
Großbritannien
Design
Carter Wong Tomlin
Auftraggeber
Premier Papers
Druckerei
Ventura Press
Papier
Premier Naturalis
Arctic weiß

Die Gestaltung einer informativen und zugleich funktionalen Einladung hat etwas. Kinderleicht im Zickzack gefalzt, leistete dieser Fächer den Gästen einer BBC-Veranstaltung an einem Sommerabend unschätzbare Dienste.

Land
Großbritannien
Design
NB: Studio
Designer
Nick Vincent
Artdirectors
Nick Finney
Ben Stott
Alan Dye
Auftraggeber
BBC
Druckerei
Impressions
Endbearbeitung
DKP Finishing
Papier
Challenger Offset 80 g/m²

Auf unglaubliche DIN A1 wurde der Briefkopf der Firma vergrößert, um „Worte um den Globus zu schicken". Zu einem Riesenflieger gefaltet, verwandelte sich die seriöse Infopost in ein überdimensionales Spielzeug.

Land
Großbritannien
Design
hat-trick design
Designer
Gareth Howat
Adam Giles
Jim Sutherland
Artdirectors
Gareth Howat
David Kimpton
Jim Sutherland
Auftraggeber
Verbatim
Druckerei
Boss Print
Papier
Skye Brilliant White

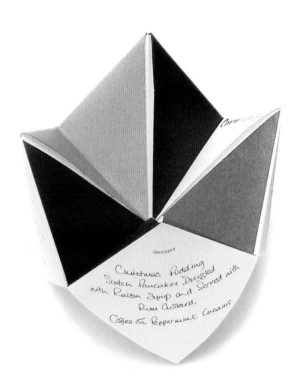

the business of language.

52 Die Radikalität im Design dieses Kataloges einer Buchausstellung zur Jahrtausendwende funktioniert so blendend, dass man sich fragt, warum nicht schon früher jemand darauf kam. Das für sich betrachtet originelle Stück besteht aus mehreren zu Prospekten gefalteten Infoplakaten zu einzelnen Künstlern. Diese ließen sich separat oder als Satz verkaufen und steckten in einer transparenten Kunststoffhülle, die gleichzeitig als Transportbehältnis fungierte. Jeder Prospekt trägt den Namen des jeweiligen Künstlers in exquisiten farbigen, kleinen Lettern auf der Rückseite.

Land
Großbritannien
Design
SAS
Designer
Gilmar Wendt
Matt Tomlin
Frankie Goodwin
Auftraggeber
MakingSpace Publishing
Druckerei
Perivan Creative Print
Materialien
Broschüre: Phoenix
Motion 150 g/m²
Hülle: Velbec Plastic

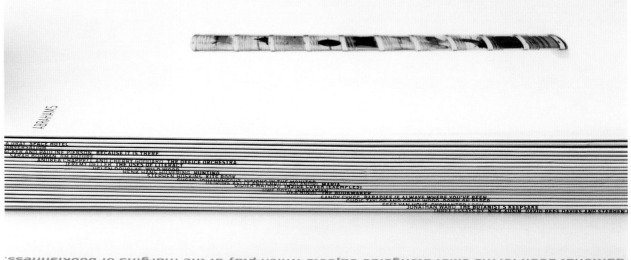

Mehr Papier Design Binden

Schlicht, doch üppig im Design
lassen Präsentationsexemplar
und Einladung das Papier für
sich sprechen. Die prächtigen
Farben schaffen ein attraktives
Muster, das durch die Lettern
des Siebdruck-Leineneinbandes
scheint. Sowohl Einband als
auch Einladung sind laminiert
bzw. im Duplexverfahren
gedruckt, so dass es Ersterer
auf stolze 1400 g/m² bringt und
dem Ganzen eine angenehme
Schwere verleiht. Das Innenleben entstand in einer wahren
„tour de force" aus Druck-
und Veredelungstechniken
mit mehreren Farbvariationen,
die den Eindruck des
Vielschichtigen verstärken.

Land
Großbritannien
Design
SEA
Designer
Bryan Edmondson
John Simpson
Jamie Roberts
Auftraggeber
GF Smith
Druckerei
Moore
Papier
Colorplan 120, 135, 150, 175,
270, 350, 540, 700 g/m²

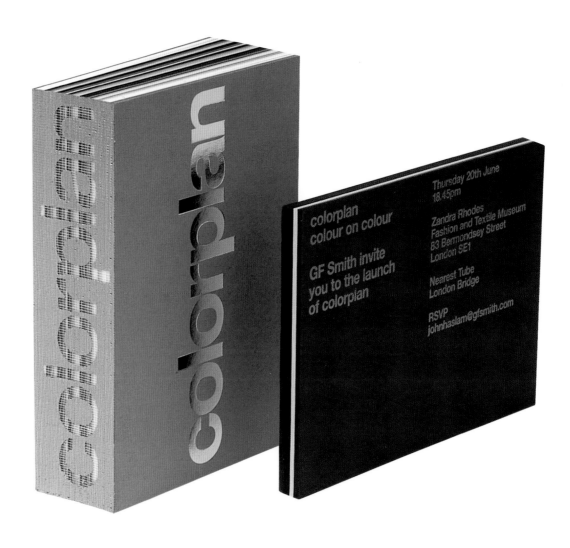

56 Die Spiralbindung hat den Vorteil, dass sich damit so ziemlich alles zusammenfügen lässt. Dieser neuartige Geschäftsbericht eines Werkzeugverleihs betont den aufrechten, schnörkellosen Charakter dieses Geschäftes durch den Einsatz von Standard-Firmenumschlägen als Texthülle. Die Informationen sind auf Firmenpapier gedruckt und in die Versandtaschen eingesteckt ∎

Land
Großbritannien
Design
NB: Studio
Artdirectors
Nick Finney
Ben Stott
Alan Dye
Auftraggeber
Speedy Hire
Druckerei
Jones & Palmer
Papier
Versandtaschen: C4 Manila, selbstklebend, ohne Fenster, 90 g/m²;
C4 Manila, gummiert, mit Fenster, 90 g/m²;
C4 Manila Hauspost, ungummiert, ohne Fenster, Vierlochtasche 120 g/m²;
C4 Manila, gummiert, ohne Fenster 90 g/m²
Stützpappe: Graupappe, 1000 Mikron
Zwischenblätter:
Bankpostpapier 115 g/m²

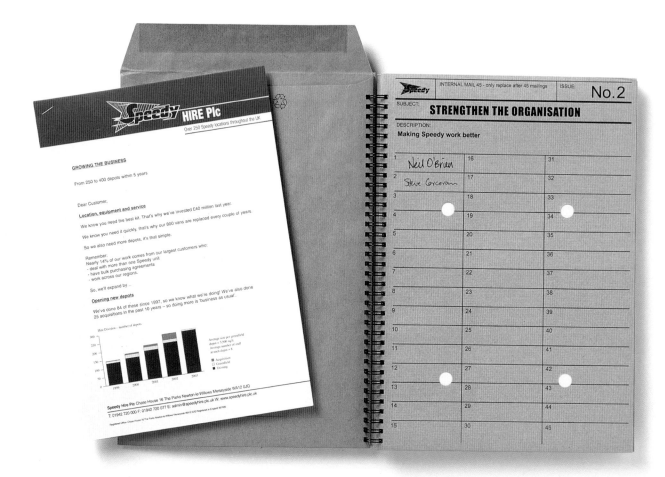

Diese handgefalzte Hülle eines
Kataloges für Architektur-
studenten des Londoner Royal
College of Art lässt sich wie ein
kostbares Päckchen öffnen und
verweist so auf den Boden der
Wirkungsstätte. In die durch
die Falzung entstehenden
Taschen lassen sich weitere
Infomaterialien einstecken.

Land
Frankreich
Design
EricandMarie
Designer
Marie Bertholle
Éric Gaspar
Auftraggeber
Royal College of Art, London
Druckerei
Colortec
Papier
Ungestrichenes
Kunstdruckpapier, matt

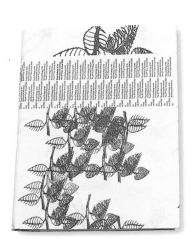

58 Kunstfotografen sollten Gebäude dieses „außerhalb existierender Parameter" operierenden Architekturbüros deuten. Gebunden wurden die Fotoessays in einer ungewöhnlichen Kombination von Falz- und Perforationstechniken, um einen Einband im Einband zu erzeugen.

Land
Australien
Design
Fabio Ongarato Design
Designer
Fabio Ongarato
Stefan Pietsch
Auftraggeber
Elenberg Fraser
Papier
Parilux 1S glänzend weiß,
extrafein

Unterschiedliche Ziele sollten mit der Werbung für den Umbau eines Lagergebäudes erreicht werden: Ein exzellentes Porträt von Gebäude und Standort, die Darstellung von Zahlen, Fakten und Plänen für die Makler sowie eine Kombination von beidem für potenzielle Käufer. Eine Broschüre aus zwei eigenständigen Komponenten wurde unter Verwendung verschiedener Papiere erstellt. Beide lassen sich gleichzeitig anschauen oder an der Perforation zwischen den Einbänden trennen.

Land
Großbritannien
Design
Cartlidge Levene
Auftraggeber
Millennium Lofts
Druckerei
Fulmar Colour
Papier
Einband: Altura Gloss
380 g/m²
Textseiten: Millennium
Real Art 170 g/m²
Neptune Unique
150 g/m²

So aufgebaut, dass der Empfänger sich an die Namensänderung der Versicherungsgesellschaft erinnert, vereint die Bindung zwei Bücher durch einen gemeinsamen Rücken. Damit sollen sich Fotoessay und Text als Ganzes sowie einzeln betrachten lassen.

Land
Niederlande
Design
KesselsKramer
Designer
Krista Rozema
Auftraggeber
Reaal
Druckerei
Drukkerij Aeroprint
Papier
Yselprint

60 Diese witzigen Notizbücher
werden lediglich durch ein
Gummiband zusammen-
gehalten, das oben wie unten
in Einkerbungen sitzt. Das Band
ist so fixiert, dass eine auf der
Rückseite abgebildete Hand
es zu halten scheint.

Land
Japan
Design
Draft
Designer
Ryosuke Uehara
Auftraggeber
D-BROS
Druckerei
Taiyo Printing Company
Papier
Fluesand 326 g/m²

Dieser Katalog für die
Ausstellung „State of Play" in
der Londoner Serpentine
Gallery wird von zwölf Post-
karten im Set durchschossen.
Die von der laufenden
Ausstellung stammenden
Karten hat man in letzter
Minute gedruckt und eingelegt.
Zusammengehalten werden
sie von farbigen Gummibändern,
die der Einband spielerisch
aufnimmt und tarnt.

Land
Großbritannien
Design
Boy Meets Girl S&J
Designer
Daniel Eatock
Auftraggeber
Serpentine Gallery
Druckerei
PJ Print
Papier
**Ungestrichenes Papier
100 g/m²**

62 Um Casting-Agenturen die imposanten akrobatischen Fähigkeiten von George Tsonev vor Augen zu führen, gestalteten die Designer einen „George aus Papier", ein ausgeklügeltes Daumenkino. Durch den raffinierten Einsatz von Durchschuss-Seiten verschiedener Länge wird eine Sequenz beim Vorwärts-blättern und eine zweite beim Zurückblättern sichtbar. Ein schwarzes, nicht minder elastisches Kunststoffband hält das Buch zusammen.

Land
Großbritannien
Design
The Partners
Designer
Tracy Avison
Helen Cooley
Kath Crawford
Auftraggeber
George Tsonev
Druckerei
CTD Capita
Papier
Einband: Stardream Silver, zweiseitig 285 g/m²
Textseiten: Parilux Silk 170 g/m²

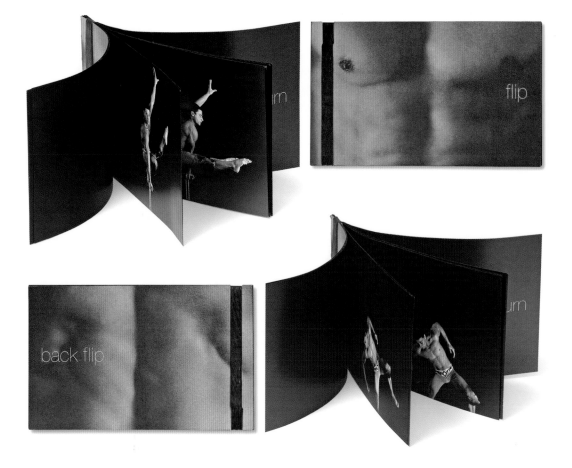

Die Bindung dieses Heftes für die Arts & Business/Financial Times Awards sorgt für einige Spannung. Um an die Preisträger heranzukommen, muss man es im wahrsten Sinne des Wortes aufreißen. Der den Vorderschnitt (eigentlich das Gegenstück zur Rückseite) umhüllende Einband ist am Rücken maschinengeheftet. Zwei Perforierungen am Außenrand und eine Daumenaussparung erleichtern die Sache. Innen betonen auf klarer Azetatfolie gedruckte Schwarz-Weiß-Fotografien des Preises den Glanz des Plexiglases.

Land
Großbritannien
Design
Radford Wallis
Designer/Artdirectors
Stuart Radford
Andrew Wallis
Auftraggeber
Arts & Business
Druckerei
Empress Litho
Drucker
Azetat: White Crescent
Papier
Einband: Neptune 350 g/m²
Textseiten: Neptune 300 g/m²
Azetatfolie: klares, starres
PVC
140 Mikron

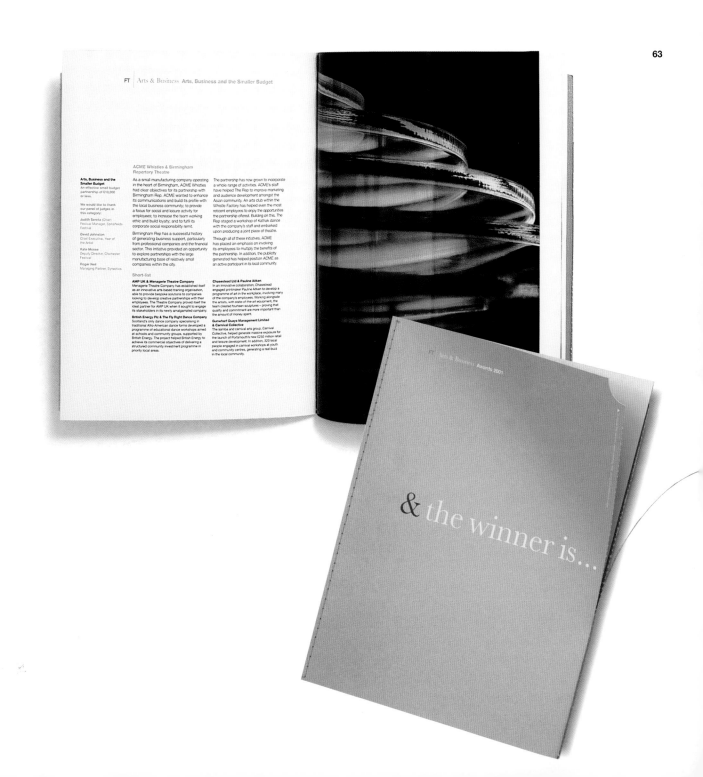

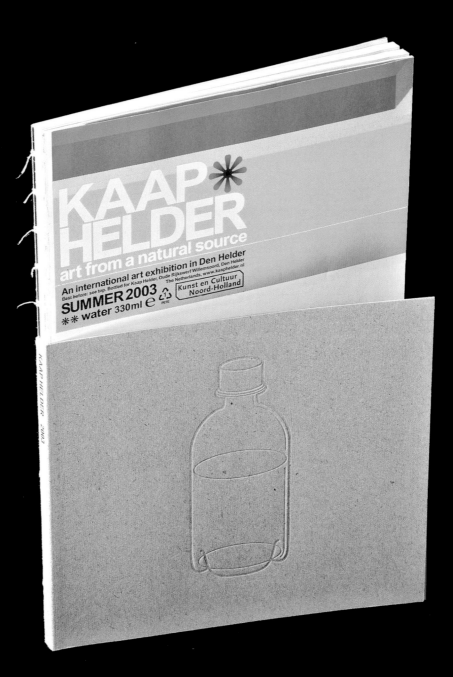

Hier gelang es den Designern
zweifellos, eine Bindung zu
schaffen, die den ungewöhnlichen Charakter des Werkes
im Katalog unterstreicht.
Traditionelle Buchbindetechniken
kommen durch den gekürzten
Einband zum Vorschein, der
die Ikone der Ausstellung in
Blindprägung präsentiert ■

Land
Niederlande
Design
KesselsKramer
Designer
Harmine Louwé
Erik Kessels
Auftraggeber
Kunst en Cultuur
Noord-Holland
Druckerei
Drukkerij Plantijn
Endbearbeitung
Casparie
Papier
Holzfreies Offsetpapier
Graupappe

Elegant präsentiert der Katalog
eine Ausstellung von Wim-
Crouwel-Plakaten in Schweizer
Bindung. So lässt sich auch
der vordere Teil des Einbandes
wenden, ohne Schaden zu
nehmen und verleiht dem
Ganzen etwas Edles. Die
fadengehefteten Seiten des
Buchblocks werden nur an der
Rückseite in die Buchdecke
eingeklebt. Die sehr feine
Einbandprägung ist mit einer
ebensolchen Konturschrift
eingeschrieben.

Land
Großbritannien
Design
SEA
Designer
Bryan Edmondson
John Simpson
Ryan Jones
Auftraggeber
Stedelijk Museum
SEA Gallery
Druckerei
Moore
Papier
Einband:
Naturalis 330 g/m²
Textseiten:
Naturalis 160 g/m²
Buchrücken:
GF Smith Biblio 50 g/m²

Bei diesem farbenprächtigen
Kalender aus dünnem
Papiergewebe fabrizierte
man mit der Transparenz des
Materials ein Stück, das sich
im Laufe der Zeit verändert.
Durch die asymmetrische
Ausrichtung sieht man sowohl
die ursprüngliche Farbe des
jeweiligen Blattes als auch
den aus der Kombination
entstehenden Farbton.

Land
Japan
Design
Draft
Designer
Yoshie Watanabe
Auftraggeber
D-BROS
Druckerei
Taiyo Printing Company
Papier
Kalape 19 g/m²

Traditionelle Buchbindetechniken kamen in dieser eher unkonventionellen Eigenwerbung mit dem Titel „Horizontal/Vertical" zum Einsatz. Die Autoren kombinierten Porträt- und Landschaftsseiten. Die Dynamik des Einbandes erwächst aus der Gegenüberstellung.

Land
Frankreich
Design
EricandMarie
Designer
Marie Bertholle
Éric Gaspar
Auftraggeber
EricandMarie
Buchbinder
Ex-Libris, Großbritannien
Papier
Matt gestrichenes
Kunstdruckpapier

Um den kompromisslosen Rock-'n'-Roll-Geist einer Levi's®-Serie zu veranschaulichen, erzielte man hier durch jeweils unterschiedliche Stanzungen eine Fächerwirkung. Der kupferfarben gedruckte, türkis überdeckte Leineneinband soll den Eindruck von Oxidation erwecken.

Land
Großbritannien
Design
The Kitchen
Designer
Rob Petrie
Sam Muir
Auftraggeber
Levi Strauss & Co
Druckerei
Artomatic
Papier
Hochglänzendes
Kunstdruckpapier 350 g/m²

68   Vom Schutzumschlag des
Buches *Sample*, das Arbeiten
von 100 führenden Mode-
Designern präsentiert, geht
etwas Exklusives aus. Das
Papier wird hier wie Stoff
behandelt: Zarte Bleistift-Falten
werden von einem elastischen
Raffhalter fixiert, an welchem
ein Schild mit dem Buchtitel
befestigt ist. Innen sind die
Seiten eines jeden Falzbogens
verschieden geschnitten und
führen so den Schicht- bzw.
Falteneffekt fort.

Land
USA
Designer
Julia Hasting
Auftraggeber
Phaidon Press
Papier
**Matt gestrichenes
Kunstdruckpapier**

Mehr Papier Design Interaktives Gestalten

70 Legen Sie einen Gegenstand
auf das sonnenlichtempfindliche
Quadrat, ohne es vollständig zu
verdecken. Entfernen Sie ihn
nach ein paar Sekunden wieder,
um zu sehen, was passiert ist..

Diese amüsanten Briefmarken zum Selbermachen, die ursprünglich als interaktiver Kinderspaß gedacht waren, fanden – wen wundert es – auch bei Erwachsenen schnell Anklang. Ganz in der Tradition des Mr. Potato Head wird diese bunte Obst- und Gemüseserie durch einen fabelhaften Bastelsatz „Körperteile und Zubehör" zur ganz individuellen Gestaltung ergänzt: Die Zahl der möglichen Anordnungen ist endlos. Außergewöhnlich an diesem Satz sind auch die angestanzten Formen der Marken, die teilweise den Fruchtumrissen folgen.

Land
Großbritannien
Design
johnson banks
Auftraggeber
Royal Mail
Druckerei
Walsall Security Printers
Papier
Avery Sass Laminate
Glad Filter Face Paper

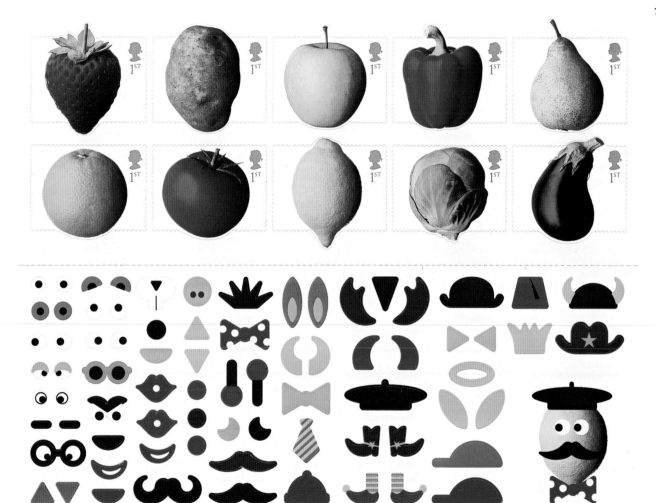

72 Dieser Vogel entstand aus
einem Origami-Werbeset für die
Fotografie-Bibliothek Photonica.
Lässt man sich auf
das Spiel mit den Bildern ein,
dann findet man auf den
20 Fotoblättern eine
entsprechende Faltanleitung.

Land
Großbritannien
Design
NB: Studio
Designer
Jodie Wightman
Artdirectors
Nick Finney
Ben Stott
Alan Dye
Auftraggeber
Photonica
Papier
Bibeldruckpapier

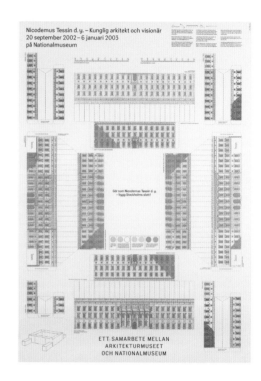

Das unterhaltsame Plakat für
eine Ausstellung über die Bau-
kunst von Nicodemus Tessin
dem Jüngeren lässt sich in eines
seiner Bauwerke verwandeln,
das man ganz nach Belieben
nach einem der drei vor-
gegebenen Farbschemata
(17., 18. oder 19. Jahrhundert)
gestalten kann.

Land
Schweden
Design
Happy Forsman & Bodenfors
Artdirectors
Andreas Kittel
Anders Kornestedt
Auftraggeber
Schwedisches Museum
für Architektur
Druckerei
Billes
Papier
Lessebo Linné 250 g/m²

Mit dieser humorvollen Eigenwerbung werden Weihnachts-
grüße im Origami-Wurfset
verschickt. Man findet alles vor,
was man für einen Origami-
Schneeball braucht: zehn Blatt
weißes Papier, Faltanleitung und
„Gebrauchsanweisung".

Land
Großbritannien
Design
NB: Studio
Designer
Ramiro Oblitas
Artdirectors
Nick Finney
Ben Stott
Alan Dye
Auftraggeber
NB: Studio
Druckerei
Principle Colour
Papier
Bibeldruckpapier

74 Alles, was ein Unternehmen tut, besitzt Erinnerungswert. Dieser Gedanke steckt hinter einem Geschäftsbericht mit Bildern, die sich ausschneiden, aufbewahren und im wahrsten Sinne des Wortes im Einband rahmen lassen. Ein raffinierter Aufsteller auf der Rückseite verleiht die nötige Standsicherheit.

Land
Singapur
Design
Kinetic Singapore
Designer/Artdirectors
Leng Soh
Pann Lim
Roy Poh
Auftraggeber
Amara Singapore
Druckerei
Colourscan
Papier
Einband:
Kunstdruckkarton
230 g/m²
Vorderer Rahmen:
Kunstdruckkarton
420 g/m²
Aufsteller:
Technische Pappe 1 mm
Konzeptseiten:
Kunstdruckpapier
157 g/m²
Finanzseiten:
Holzfreies Papier
100 g/m²

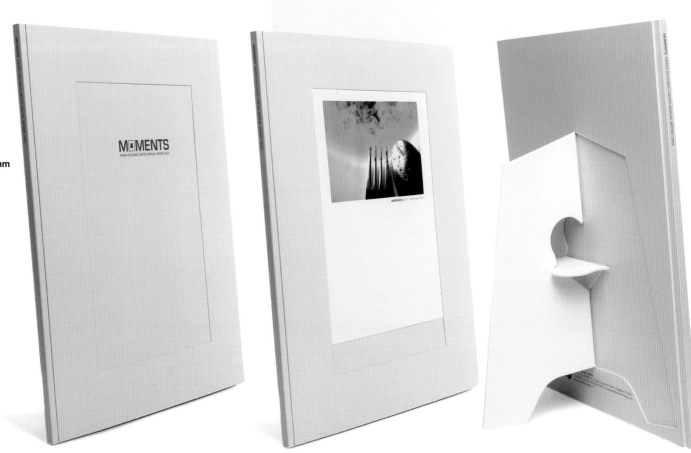

Jede dieser erstaunlichen
Briefmarken lässt bei der
Darstellung eines Nobelpreis-
trägers oder einer Kategorie
eine andere Fertigungstechnik
erkennen. „Frieden" ist – ein
Novum für eine Briefmarke –
im Prägedruck entstanden. Ein
Mikrodruck eines T. S.-Eliot-
Gedichtes ziert die „Literatur".
Für die „Chemie" verwendete
man thermochrome Farbe, die
durch Berührungswärme ein in
einem Kohlenstoff-60-Molekül
gefangenes Ion sichtbar werden
lässt. Für die „Physik" wählte
man eine Holografiefolie zur
Darstellung eines Bor-Moleküls.
„Physiologie oder Medizin"
wurde mit Eukalyptusgeruch
präpariert, der sich beim Reiben
entfaltet. Bei den „Wirtschafts-
wissenschaften" handelt es sich
um eine Intaglioarbeit (nicht
abgebildet).

Land
Großbritannien
Design
HGV Design
Auftraggeber
Royal Mail
Druckerei
**Joh Enschedé Security
Printing, Niederlande**
Papier
Tullis Stamp Paper

76 Bei der Umschlaggestaltung
ließ man sich von dem Titel
des Albums von Skeleton Key
– *Fantastic Spikes through
Balloons* – inspirieren und
verwendete Fotografien von
ballonartigen Objekten mit
gestanzten Löchern. Die Band
wollte vermeiden, dass die
Lektüre der Liedtexte vom
Zuhören ablenkt, so dass die
Texte spiegelverkehrt gedruckt
sind. Sie lassen sich nur dann
lesen, wenn ihr Abbild auf der
verspiegelten CD-Oberfläche
erscheint.

Land
USA
Design
Sagmeister Inc
Designer
Stefan Sagmeister
Hjalti Karlsson
Artdirector
Stefan Sagmeister
Auftraggeber
Capitol Records
Papier
**Glänzend gestrichenes
Kunstdruckpapier 130 g/m²**

Dieses Objekt, das für eine
Ausstellung rund um das Buch
zur Jahrtausendwende entstand,
würdigt zwölf praktische,
doch potenziell überflüssige
herkömmliche Büroutensilien
und gibt ihnen eine neue,
musikalische Bestimmung.
Die Instrumente des „Büro-
Orchesters" stecken in einer
Papphöhre, die sich zu einer
großen Trommel wölbt und in
sich Stift-Pfeife, Castaclips & Co.
birgt. Zu jedem Instrument
mitgelieferte Spieltechniken
sollen das Büroteam zu einer
konzertierten Aktion im
Arbeitsumfeld anstiften ■

Land
Großbritannien
Design
SAS
Designer
Andrea Chappell
Cherry Goddard
Auftraggeber
MakingSpace Publishing
Papier
Papphöhre

78 Bei diesem von einem Papier-
hersteller in Auftrag gegebenen
Werbeobjekt bestand die
Herausforderung in der Über-
setzung der bewegten Bilder
von Titel-Designer Richard
Morrison auf eine Druckseite.
Mit der Lösung werden dem
Leser verschiedene interaktive
Daumenkinos angeboten –
wahrscheinlich ein Novum in
dieser Form. Die Filmclips
erzeugen beim Vor- und
Zurückblättern ein bewegtes
Bild. Der Zufall wollte es, dass
die Firma eine Papiersorte mit
der Bezeichnung „Motion"
(Bewegung) produziert.

Land
Großbritannien
Design
Atelier Works
Designer
Quentin Newark
Glenn Howard
Auftraggeber
GF Smith
Druckerei
Westerham Press
Endbearbeitung
TTB
Papier
PhoeniXmotion Xenon
250 g/m², 150 g/m²

Bei der Gestaltung dieses
Geschäftsberichtes für einen
führenden Nahrungsmittel-
hersteller ging es den Designern
um die Konzentration auf das
Wesentliche. Das wurde durch
eine interaktive Gestaltung der
Schlüsselseiten im Bericht
erreicht. Einige sind perforiert,
andere wiederum gestanzt
und verflochten.

Land
Kroatien
Design
Bruketa & Zinic
Designer
Davor Bruketa
Nikola Zinic
Auftraggeber
Podravka
Druckerei
IBL
MIT
Papier
Agrippina

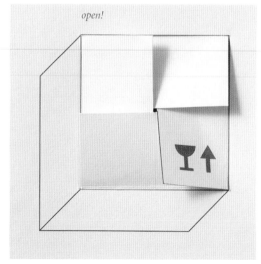
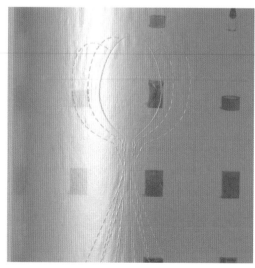

80 Es ist schon erstaunlich, dass
die Puzzle-Form nicht häufiger
genutzt wird, doch diese
tierischen Grußkarten bedienen
sich dieser Technik auf das
Schönste. Der Gruß wird auf
die Rückseite der Karte
geschrieben, die dann zerlegt
in den Umschlag wandert. Der
Spaß liegt dann ganz beim
Empfänger, der auf Form und
Inhalt gespannt sein darf ■

Land
Japan
Design
Draft
Designer
Ryosuke Uehara
Auftraggeber
D-BROS
Druckerei
Sannichi Printing Company
Papier
Reporle 81 g/m²
Fclton 140 g/m²
Maschinengraupappe
900 g/m²

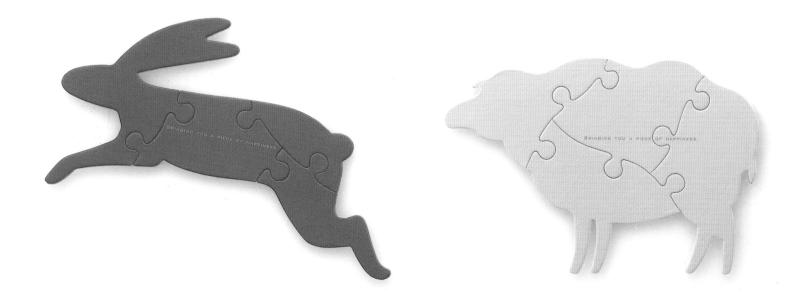

Mehr Papier Design Mischtechniken

82

Angeregt durch einen Kunden
dieses Auftraggebers, der
Waschmittel herstellt,
nehmen die Designer dieses
Werbematerials das Thema
Reinigung in der Bindung auf.
Die leinengebundenen
DIN-A3-Umschläge sind am
Rücken maschinengeheftet
und tragen ein „100% Press &
Poster"-Satinlabel, das mit
dem Thema spielt. Der
Namenszug des Auftraggebers
erscheint als Blindprägung.

Land
Großbritannien
Design
The Partners
Designer
Greg Quinton
Jack Renwick
Helen Cooley
Kath Crawford
Auftraggeber
J Walter Thompson
Druckerei
Gavin Martin Associates
Materialien
Leinen: Ratchford Windsor
Craft
Textseiten: Galerie Art Silk
250 g/m²

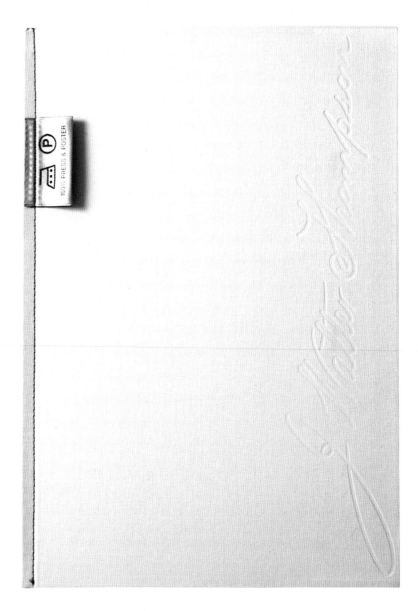

84

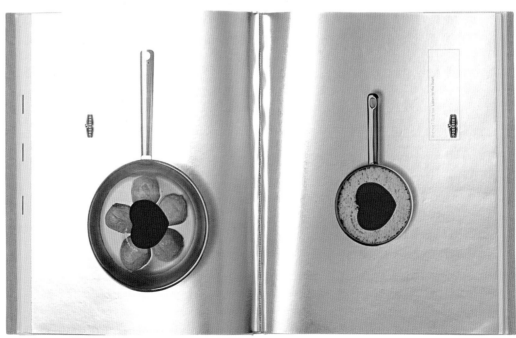

In einer wahren „tour de force" durch Materialien sowie Techniken entstanden, ist dieser Geschäftsbericht eines führenden Lebensmittelherstellers ganz dem Metier verpflichtet. Der Schutzumschlag ist aus Backpapier gefertigt, der Einband mit Damasttischtuch überzogen, Besteck erscheint in Folienprägung. Die wärmeempfindlichen, auf Silberfolie gedruckten Herzen innen – das Firmenlogo – lassen sich „braten". Der Jahresabschluss ist in perforierter Kreuzfalzung gebunden, die sich aufreißen lässt und Rezepte für die hinter den Zahlen stehenden Produkte freigibt.

Land
Kroatien
Design
Bruketa & Zinic
Designer
Davor Bruketa
Nikola Zinic
Auftraggeber
Podravka
Druckerei
IBL
MIT
Papier
Backpapier
Agrippina

COOKED VEAL KNEEPAD

1 veal kneepad, 15 dg carrots, 10 dg celery, 1 smaller cabbage, 50 dg potatoes, 1 tomato, grains of pepper, salt, 2 dl dry white wine, 1 bundle of parsley leaves, tbs. Vegeta. The kneepad cut in half put into the boiling water and boil shortly. Throw out the water and put the kneepad to cook into 2 l of water, add salt, pepper and Vegeta. Let it simmer till it is half cooked. Add tomato, celery and carrots cut into stripes, and continue to cook. After about ten minutes add potatoes cut into slices, and cabbage cut into stripes. Cook till it is done, and just before it is done add wine. Take the cooked kneepad out, remove meat from the bone, arrange it with cooked vegetables in a deeper dish, pour with soup and sprinkle with cut parsley.

WINE GOULASH

50 dg beef, 4 onions, 6 dg tomato concentrate Podravka, 2 dl wine, 20 dg potatoes, 4 tbs. oil, salt, ground red pepper, laurel, caraway, 1 tbs. Vegeta. Cut the meat into equal pieces and fry it shortly on heated oil. Add cut onions and continue to stew adding occasionally water or soup. Add laurel, caraway, Vegeta, and before it is done add a little salt if needed. Add ground red pepper, tomato concentrate, wine and potatoes cut into squares. Cook until the meat and the potatoes are tender.

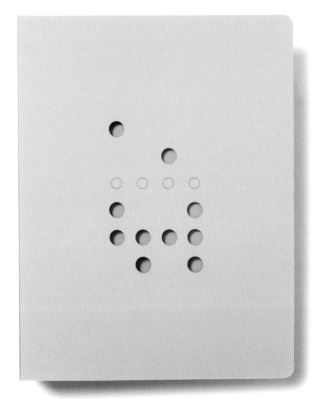

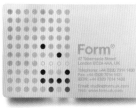

Eine Umzugsanzeige bot diesem Designbüro Anlass, sich von der Lochstreifenform seines Namens ausgehend ein neues Gesicht zu geben. Der Name erscheint stets ausgestanzt in Begleitung einer Punktmatrix. Die sich daraus ergebende Schichtenbildung wird jeweils auf unterschiedliche Weise erzielt. Der Briefkopf ist beidseitig mit Punkten in verschiedenen Farbschattierungen versehen. Auf der Visitenkarte sind die Punkte unterschiedlich tief geätzt, während sie auf der Polypropylenmappe als Negativ im silberfarbenen Siebdruck erscheinen.

Land
Großbritannien
Design
Form
Designer
Paul West
Paula Benson
Nick Hard
Auftraggeber
Form
Druckerei
Geschäftspapier: Good
News Press
Visitenkarte:
Photofabrication
Mappeneinlagen: Le Scott
Mappe: Design East
Materialien
Geschäftspapier: Courier
Super Wove 105 g/m²
Visitenkarte:
Edelstahl 302/0,125 mm
Mappeneinlagen: Consort
Royal Silk 250 g/m²
Mappe: Polypropylen

Mit einem Fotoessay über Tokios
Tsukij-Fischmarkt bestückt,
erscheint dieses stilvolle
Werbematerial für den Fotografen als Tunfischbüchse. Auf
den Buchdeckel aus Karton
applizierte man einen geprägten
„Blechdeckel" und versilberte
die Kanten, um die Illusion
perfekt zu machen.

Land
Großbritannien
Design
The Partners
Designer
Greg Quinton
Dana Robertson
Tony de Ste Croix
Fotograf
Marcus Lyon
Auftraggeber
Marcus Lyon
Druckerei
Gavin Martin Associates
Hersteller
Graphic Metal Company
Material
Einband: Aluminium

88 Zum 100-jährigen Firmen-
jubiläum wurden Designer
beauftragt, ein Geschenk für
die Mitarbeiter zu gestalten.
Auf das Unternehmensmotto
„To Make the World a Better
Place" zurückgreifend, ersannen
sie eine interaktive Lösung
in Buchform. Dazu eine Tüte
Samen in einer genialen Kunststoffhülle, die sich zu einer voll
funktionsfähigen Gießkanne
auffalten lässt. Konzept, Text
und Produktion erfolgten
zusammen mit Signum
Niehe Events.

Land
Niederlande
Design
Lava
Designer
Yke Bartels
Heike Dehning
Hans Wolbers
Hugo Zwolsman
Hülle: Henk Stallinga
Auftraggeber
Dutch State Mines
Druckerei
Drukkerij Koenders &
Van Steijn
Bindearbeiten
Hepadru
Materialien
Colorado 90 120 g/m²
EnsoCoat 190 g/m²
Eurobulk 90 135 g/m²
Hello Silk 135 g/m²
Hello Gloss 135 g/m²
Reviva 115 g/m²
Deckel: Pappe 2 mm

Dieser für Ford gestaltete Corporate-Identity-Leitfaden steckt in einer Hülle, die ihm das passende und zweckdienliche Äußere eines Autohandbuches verleiht. Der Umschlag ist geprägt, wobei der witzige Vorsichtshinweis mittels Hitze in den Kunststoff eingebracht wurde. Innen wurde der rückwärtige Deckel des Standarddruck-Leitfadens in eine Tasche eingesteckt und so fixiert.

Land
Großbritannien
Design
The Partners
Designer
Gillian Thomas
Nick Clark
Nigel Davies
Nick Eagleton
Kath Crawford
Auftraggeber
Ford Motor Company
Hersteller
Umschlag: Folders Galore
Material
Deckel: „Touch-Style"-Gummi

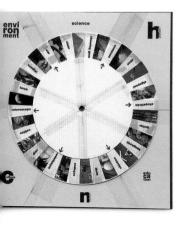

90 Dieses Buch spiegelt Ideen der
Architekten Diller+Scofidios zum
Thema „Kontext, Überwachung
und privater/ öffentlicher Raum".
Um die Grenzen zwischen
Realität und Simulation fließend
zu gestalten, bediente man sich
beim Einband eines Linienraster-
verfahrens, so dass sich das
Bild, kippt man es, verändert.
Im Kreuzfalz verbirgt sich ein
darunter liegender Text, an den
man gelangt, wenn man die
Seite an der mittigen Daumenaussparung entlang aufreißt.

Land
USA
Design
Pentagram, New York
Designer
Abbot Miller
Johnschen Kudos
Artdirector
Abbot Miller
Auftraggeber
Whitney Museum of
American Art
Druckerei
Steidl
Papier
Xenon 115 g/m²

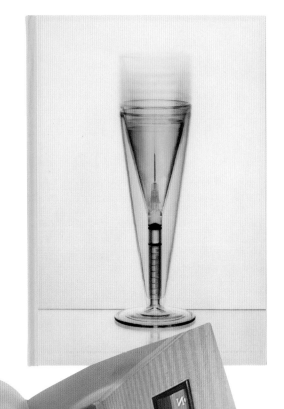

In Zeiten wirtschaftlicher
Unsicherheit soll dieser ins Auge
fallende Geschäftsbericht das
Konzept des Wachstums
vermitteln. Verstärkt wird dieser
Ansatz durch eine lebendige
Pflanzenbildsprache sowie eine
ansteigende Typografie. Doch
zweifellos ist es der üppige
Kunstrasen auf dem Einband,
der alle Blicke auf sich zieht.

Land
Singapur
Design
Kinetic Singapore
Designer/Artdirectors
Leng Soh
Pann Lim
Roy Poh
Auftraggeber
Amara Singapore
Druckerei
Colourscan
Materialien
Finanzseiten:
Holzfreies Papier 100 g/m²
Übersicht:
Kunstdruckpapier 157 g/m²
Einband:
Kunstdruckkarton 260 g/m²
Astro Turf

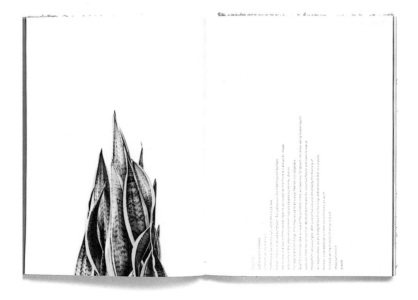

Papier, lange Zeit als Arbeitsmaterial des Grafik-Designers betrachtet, findet nach und nach den ihm gebührenden Platz in der Materialfülle, derer sich Designer beim Gestalten in der dritten Dimension bedienen. Papier hat sich in den letzten Jahren rasant wachsender Beliebtheit bei Designern aller Disziplinen erfreut, die zunehmend erkannten, was in ihm steckt. Produkt-Designern, Mode-Designern sowie Architekten gelingt es, sich die Eigenschaften dieses Materials auf stets neue Art und Weise nutzbar zu machen.

Derselbe Stoff, den wir einst für kurzlebig hielten, wird nun zu Dingen verarbeitet, die sich durch Widerstandsfähigkeit und erstaunliche Dauerhaftigkeit auszeichnen: Produkte, Mobiliar, ja sogar Bauwerke. Schmuck oder Behausungen für Haustiere aus Papier sind schon kaum vorstellbar, ganz zu schweigen von einem Ausstellungspavillon für die EXPO 2000 (vgl. S. 107) – doch all das gibt es. Papier kann das.

Wie schon erwähnt, hat die traditionsreiche japanische Papierindustrie mit ihrem Erfindungsreichtum erreicht, dass Papier einmütig als wertvolles, nützliches und unentbehrliches Material angesehen wird. Die Japaner setzen der Papierverwendung keine künstlichen Grenzen. Daher die japanische Dominanz bei großen Design-Neuheiten in der dritten Dimension. Selbst ein Auto hat man entworfen, das innen wie außen aus Washi, einem Japan-Papier, gefertigt wurde. Das soll nicht heißen, dass der übrigen Welt jegliche Kreativität im Umgang mit Papier abzusprechen wäre – durchaus nicht. Westliche Designer erkennen mehr und mehr, dass sich mit Papier so ziemlich alles anstellen lässt. Vorangetrieben wurde diese Entwicklung vermutlich durch disziplinübergreifend arbeitende Designbüros in aller Welt und durch Designer, die sich nicht davon abhalten lassen, über den Tellerrand ihrer eigenen Profession hinauszuschauen und ihr Repertoire zu erweitern.

Designer verwenden Papier nicht nur wie üblich als Fertigprodukt in Form von Bogen, Pappröhren usw., sondern arbeiten immer öfter mit unterschiedlich recyceltem Papier. Pappmaché z. B. findet ungeahnte Einsatzmöglichkeiten, weg von seiner elementaren, allgegenwärtigen Form, der schlichten Eierkiste, hin zu seiner Wiederentdeckung als Kunstform. Obgleich im Viktorianischen Zeitalter die zierlichsten und filigransten Stücke aus Pappmaché entstanden, so waren diese doch als Papier nicht mehr wiederzuerkennen; sie verschwanden unter dekorativen Lackschichten oder raffinierten Mustern. Das Bild hat sich vollständig gewandelt, Papier ist eher zum Haupthelden des Stückes avanciert, der zwar oft schnörkellos, doch dafür in herber Schönheit auftritt.

94 Neben der wertvollen Rolle, die Papier beim Endprodukt spielt, kommt ihm ebenfalls im Designprozess Bedeutung zu. Sowohl schmiegsam als auch fest eignet sich Papier hervorragend für Architekturmodelle. Einige der außergewöhnlichsten Bauten der Welt verdanken ihre scheinbar den Regeln der Statik zuwiderlaufende Gestalt Papiereigenschaften, die man zu nutzen verstand.

Architektur Papier ist lange schon aus der Architektur nicht mehr wegzudenken. Am Anfang der Gestaltung steht für viele Architekten das Papiermodell. Einige dieser Modelle besitzen skulpturale und ätherische Qualitäten und eine ganz eigene Schönheit. Andere Architekten gingen einen Schritt weiter, entwickelten ein komplettes System für den Entwurf von Bauten, in dessen Mittelpunkt die Nutzbarmachung von Papiereigenschaften steht, das Schneiden und Falzen von Formen, die das endgültige Design ausmachen.

Bis auf die Verwendung im Innenbereich – wie etwa in Form japanischer Shoji-Wände und natürlich Tapeten – ist Papier bis vor kurzem als Baumaterial nicht ernst genommen worden. Unter der Oberfläche so mancher Tür verstecken sich Papierwaben; große Papprohren werden häufig beim Gießen von Pfeilern eingesetzt. Der Architekt Shigeru Ban, Exponent des Bauens mit Papier, wagte sich noch weiter vor: Er entwickelte einzigartige Bauweisen und setzte dabei vorwiegend auf Papier. Angezogen von den niedrigen Kosten, der natürlichen Farbgebung, der Verfügbarkeit und Wiederverwertbarkeit dieses Materials, schuf er ganze Gebäude aus speziell entwickeltem wasserdichten Papier und Papprohren. Das erwies sich als vorteilhaft, besonders für die Arbeit Bans an temporären Schutzbauten für Katastrophengebiete. Mit denselben Verfahren ließ er aber auch sehr schöne und elegante Bauten entstehen. Schichtenbildung ist der Schlüssel zur Festigkeit, derer Gebäude bedürfen, und Schichtenbildung ist auch das Aufbauprinzip einer Papprohre.

Obschon Ban zweifellos als Meister des Papierbaus gelten darf, werden solche Bauten auch von anderen Architekturbüros entworfen. So stammt z. B. die „Local Zone", die zu den zahlreichen Ausstellungsbauten im Londoner Millennium Dome gehört, von Spence Associates, denen Ban und Philip Gumuchdjian beratend zur Seite standen. Auch ein von Cottrell und Vermeulen entworfener Schulanbau in Essex, dessen Südmauer und Dach sich an der japanischen Kunst des Papierfaltens orientieren, ist vorwiegend aus Papierprodukten gebaut worden. Interessant ist, dass, presst man sie zusammen, die Druckmuster der beim Bau verwendeten Papprohren scheinbar Origami-Faltungen folgen.

Ausstellung und Skulptur In diesem Bereich sind die Grenzen zwischen Kunst, Design und Handwerk oft fließend. Papierskulpturen z. B., die in den 1950er und 1960er Jahren verbreitet waren und auch im Design stärker verwendet wurden, führten in den letzten Jahren eher ein Schattendasein. Das scheint sich jedoch jetzt zu ändern. In der gegenwärtigen Stimmung beeilen sich kreative Leute nicht, ganze Genres über Bord zu werfen, sondern spielen mit allen Möglichkeiten. Aus dieser Einstellung heraus entsteht Großes.

Anders als Papierskulpturen hat Origami seit seiner relativ kurzen 400-jährigen Geschichte an Einfluss gewonnen. Vereinigungen, die sich der Kunst des Papierfaltens widmen, gibt es heute überall auf der Welt. Man kann sich nur schwer vorstellen, dass Origami noch raffinierter und subtiler werden könnte, doch würden die Entwicklungen so manchen in Erstaunen versetzen. Auch westliche Einflüsse kommen zum Tragen. Manchmal ist kaum fassbar, dass sich ein einziges Stück Papier so oft falten lässt. Eigentlich besagt eine weit verbreitete Faustregel, dass sich ein Stück Papier nicht häufiger als sieben Mal in der Hälfte falten lässt, doch viele heutige Origami-Exemplare scheinen sich daran nicht zu halten.

So wie Origami gibt es auch Kirigami oder architektonisches Origami, eine Kombination von Schneiden und Falten. Meister dieser subtilen Kunst wie Masahiro Chantani bringen schier unglaubliche Konstruktionen hervor. Oft finden sie sich auf Grußkarten, die beim Aufklappen berühmte Bauten, bizarre architektonische Konstruktionen oder atemberaubend schöne Blumen in die Höhe schießen lassen. Die Gestaltungen sind so anregend, dass Anhänger dieser Kunst in mühevoller Kleinarbeit Modelle und Figuren aus Büchern kopieren, um diese dann stolz im Internet zu präsentieren.

Neben Ausstellungen, die erstaunliche Techniken zur Herstellung von Papierskulpturen vorstellen, gibt es in diesem Abschnitt auch dynamisch wirkende Schaufensterauslagen zu sehen. Obwohl sich dieses Buch auf Design konzentriert, lassen sich oft nur schwer Grenzen ziehen, so dass man in diesem Abschnitt Dingen begegnet, die man möglicherweise so nicht erwarten würde. Sie wurden aufgenommen, weil sie etwas Inspirierendes an sich haben, was sie wiederum mit Design verbindet.

Mode und Accessoires Die meisten von uns sind der irrigen Annahme, dass die ersten Kleidungsstücke aus Papier Wegwerfkleider der 1960er Jahre waren. Weit gefehlt. Sowohl in China als auch in Japan stellt man bereits seit hunderten von Jahren Papierkleidung her. Tatsächlich nehmen einige Leute heute an, dass man Papier ursprünglich nicht als Schreibmaterial herstellte, sondern zu vielen anderen Zwecken, auch für Kleidungsstücke. Diese erste Papierform, die etwa 100 v. Chr. in China entstand, setzte sich aus gestampften Hanffasern zusammen, und obwohl das Verfahren dem der Papierherstellung sehr ähnelte, glich das Endprodukt doch eher Filz als Schreibpapier. Davon zeugt ein kürzlich in China entdeckter Fund: ein aus dem Jahre 418 n. Chr. stammender Hut, ein Gürtel und ein Schuh aus Papier.

Einige Jahrhunderte darauf fertigte man in Japan während der Kamakura-Zeit und später, während der Edo-Zeit, Papierkimonos, die als äußerst schick und elegant galten. Sie waren ebenso exklusiv und teuer wie Seidenkimonos. Tatsächlich tragen die Priester während der traditionellen Shinto-Zeremonie noch heute eine Papierrobe sowie einen Kopfschmuck aus lackiertem Papier.

In Japan wird Papiergewebe auf zweierlei Art gefertigt: Zum einen werden Papierschichten so behandelt, dass das Material weich wird, zum anderen werden kleine Papierschnitzel zu einem Garn verzwirnt, das dann gewebt wird (Shifu). Das letztere Verfahren praktiziert man noch heute. So entsteht ein Gewebe, das fest, leicht und atmungsaktiv ist (in etwa so wie Leinen), sich waschen und wiederverwenden lässt. Obwohl aus diesem Material hauptsächlich eine kostspielige Bekleidung gefertigt wurde, gab es in Japan jüngst eine Wanderausstellung mit erschwinglicheren Stücken.

In der Regel denkt man an Schnittmusterbogen, wenn es um Papier in der Mode geht. Doch inzwischen spielt Papier selbst eine wichtige Rolle. In Mode-Design-Kursen weltweit wird stets eine Unterrichtseinheit Papier-Design angeboten. Obgleich die Übungen Studierende dazu anregen sollen, über Merkmale und Eigenschaften verschiedener Materialien nachzudenken, so haben sie immerhin viele dazu inspiriert, Arbeiten ganz aus Papier abzuliefern. Hussein Chalayan z. B. entwarf eine vollständige Kollektion, bei der Papier und Magnete im Mittelpunkt stehen. Dieses Buch präsentiert wunderbare Papier-Exemplare in reicher Vielfalt, von durchscheinenden Spitzenkleidern bis zu schicken, zarten Hochzeitskleidern sowie augenfällige skulpturale Stücke.

Wenn sich Bekleidung aus Papier herstellen lässt, so sollten sich erst recht Accessoires aus diesem Stoff fertigen lassen. Wendy Ramshaw, die berühmte Schmuck-Designerin, gab vor kurzem ein Buch über Papierschmuck heraus, der sich herausnehmen und tragen lässt. Im Großen und Ganzen wird Papier zu Dekorationszwecken verwendet, doch manchmal schneidet und faltet man es zu wunderschönem, kunstvoll gearbeitetem Schmuck, der stark an elisabethanische Halskrausen erinnert.

Verpackung Unter diesem Aspekt des dreidimensionalen Designs erwartet man geradezu den Einsatz von Papier. Oft jedoch sind es die schlichten, subtilen Designs, die sich dieses Materials auf das Beste bedienen – eine einfache, gut platzierte Ausschneidefigur, die ein Produkt offenbart; mehrere Kartonschichten dort, wo man in der Regel eine einzige verwendet, oder eine elegante Hülle. Interessant wird es, wenn man auf Techniken stößt, die man sonst mit zweidimensionalem Design assoziiert, wie z. B. Laserschnitt und Blindprägung.

Im Zeitalter von Fast Food und Wegwerfverpackungen tut es gut zu sehen, dass wunderbar gearbeitete, präzise Dinge noch immer hergestellt werden. Der Einkaufsbeutel hat inzwischen den Status einer Gucci-Handtasche erreicht, und viele Leute legen Wert darauf, mit dem richtigen Beutel gesehen zu werden. Es ist erstaunlich, wie die äußere Hülle einen Gegenstand im Wert steigen und ihn, selbst wenn es sich um einen Diamantring handelt, noch kostbarer erscheinen lässt. Allein die Tatsache, dass man in vielen Geschäften den Service der Geschenkverpackung anbietet, zeigt wie wichtig den Leuten – wenn es auch häufig nur die Käufer selbst sind – die Präsentation eines Gegenstandes ist.

96 **Produkt** In Japan hat man Papier wegen der ihm innewohnenden Festigkeit schon lange zur Herstellung verschiedenster Produkte eingesetzt – für Taschen, Fächer, Drachen, Laternen, Masken, Schirme, Planen und natürlich Shoji-Wände und -Fenster. In Korea war es üblich, Möbel aus lackiertem Papier zu fertigen. Ölpapier verwandte man sowohl für Bodenbeläge als auch für Segel. In Indien entwickelte man ein Verfahren zum Lackieren von Pappmaché, das die Herstellung von feinen dekorativen Reifen, Dosen und Vasen erlaubte. In Persien erzeugte man aus Papier Teller und Kästchen verschiedenster Art. Diese Artikel führte man nach Westeuropa und Amerika aus, von wo man wiederum die Techniken übernahm und zahllose weitere Artikel schuf, darunter Uhrgehäuse, Puppenköpfe, Möbel und dekorative architektonische Elemente. Auf wundersame Weise stellte ein Dresdner Uhrmacher sogar ein Chronometer ganz aus Papier und Pappmaché her. Aber diese produktive Periode währte nicht lange, und Ende des 19. Jahrhunderts waren aus Papier gefertigte Gegenstände stark im Schwinden begriffen. Dieser Entwicklung trotzte einzig das Lloyd-Loom-Mobiliar, das so manches Badezimmer und so manchen Garten schmückte. Die auch heute noch beliebten Stücke bestehen mehrheitlich aus Papier.

Obwohl die Akari-Lichtskulpturen von Isamu Noguchi in den 1950er und 1960er Jahren zu Ikonen ihrer Zeit wurden, setzte die Zeit, da sich Designer von Papier anregen ließen, vermutlich mit dem schöpferischen Werk des Architekten Frank O. Gehry ein. Seine zwei Pappmöbel-Kollektionen, die 1972 mit „Easy Edges" und seinem noch immer produzierten „Wiggle Chair" starteten und in „Experimental Edges" ihre Fortsetzung fanden, betrachteten die Verwendung von Papier aus einem völlig neuen Blickwinkel und hoben das Spannungspotenzial dieses einfachen Materials hervor. Seine Arbeiten waren es, die Recycling- und Umweltinteressierte unter den Produkt- und Möbel-Designern nachforschen ließen, wozu Papier und Pappe fähig sind. Weil es keiner aufwändigen Produktionsverfahren bedarf, weder Spritzgießwerkzeuge noch Druckgussteile erforderlich sind, zeigen sich Designer auch eher unorthodox beim Gestalten mit Papier.

Dabei fällt besonders die unglaubliche Vielfalt der Objekte auf, die sich aus ein und demselben Rohmaterial herstellen lassen, von filigranen, raffinierten, mehrlagigen Papierleuchten über eine elegante Chaiselongue bis hin zu einer robusten, zweckmäßigen Behausung für Tiere.

Mehr Papier Design Architektur

98 Vorsichtig die Ecken des
gestanzten Quadrates lösen.
Nach und nach entlang
der Markierungen falzen, so
dass die beiden Teile oberhalb
und unterhalb der Mittellinie
in Ihre Richtung, die übrigen
in die entgegengesetzte
Richtung zeigen.

Obgleich viele Architekten Papier für den Bau ihrer Modelle verwenden, lässt sich Sofia Vyzoviti in ihrem Gestaltungsansatz ganz von der Ausnutzung der Eigenschaften dieses Materials leiten. Neben ihrer Lehrtätigkeit an der Fakultät für Architektur an der Universität von Delft veröffentlichte sie den Artikel „Folding as a morphogenetic process in architectural design" sowie das Buch *Folding Architecture* zur Veranschaulichung ihrer Techniken. Auf dieser und den folgenden Seiten findet sich die Anfangsphase eines Projektes zur Gestaltung eines Verkehrsknotenpunktes in einem Wohngebietszentrum. Die Illustration dieser Methode ist, ausgehend von einem Wettbewerbsbeitrag, der in Zusammenarbeit mit Giuseppe Mantia erarbeitet wurde, eigens für dieses Buch entstanden.

Land
Griechenland/Niederlande
Architekt
Sophia Vyzoviti
Auftraggeber
Europan 5

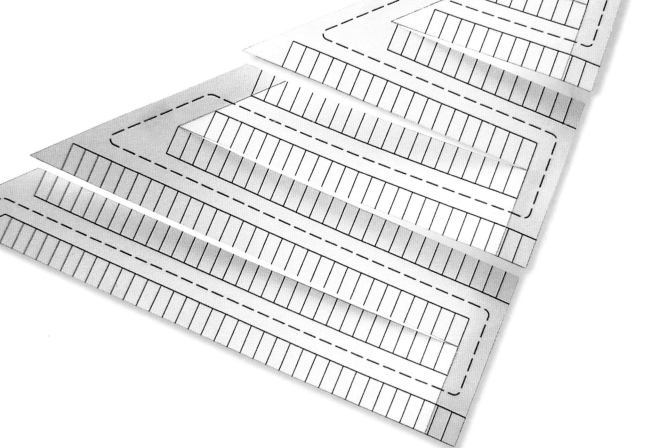

100

Paperfold Ergebnis des Papierfalzvorgangs und Produkt einer Faltleistung, die als generatives Schema im Architektur-Design untersucht wird. Im vorliegenden Fall wird die Funktion eines Paperfold-Prototyps als Raum- und Organisationsschema bei der Lösung eines spezifischen Designproblems gezeigt.

Mäander Das Mäandermuster, das hier als Paperfold-Prototyp veranschaulicht werden soll, erweitert, nach Rillen, Schneiden und Auseinander-falten, die Papieroberfläche bei gleichzeitiger Wahrung der Kontinuität im Faltstreifen. Diese prototypische Eigen-schaft eines Mäanders wird in den Grenzen eines vorgegebenen Standortes und Programms eingesetzt, namentlich beim Entwurf einer Park-and-Ride-Station sowie eines Einkaufszentrums auf einem Gelände, das an einen öffentlichen Verkehrsknoten-punkt grenzt.
Zwei Eigenschaften des aufge-falteten Mäanders lassen sich hier anwenden: Die verlängerte Wegstrecke sorgt bei einem vorhandenen Gefälle von fünf

Prozent für ein Maximum an Parkfläche, indem sie eine dreidimensionale Oberfläche erzeugt – einen durchgehenden geneigten Fahr- und Parkstreifen.
Möglich wird eine doppelt ausgerichtete Oberfläche im Gefälle zum generativen Weg, der sich innerhalb und entlang der Grenzen des vorgegebenen Geländedreiecks windet und allmählich den höchsten Punkt erreicht. Die Mäander-Ober-fläche funktioniert auf zweierlei Weise: zum einen als Schräge, auf der Fahrzeuge und Fußgänger in einer verkehrs-beruhigten Zone koexistieren, zum anderen als Figur, als Innenraum, der durch einen ansteigenden, sich neigenden, durchgehenden Streifen begrenzt wird, welcher Einkaufsmöglichkeiten und Nachbarschaftsreinrichtungen einfasst. Das, was eine mäanderförmige Oberfläche als architektonischer Prototyp, der Figur und Gelände miteinander verschmelzen lässt, leistet, wird in der Aufteilung des gegebe-nen Programms innerhalb einer kompakten, stratifizierten Organisation deutlich.
Sophia Vyzoviti

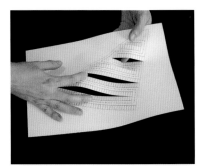

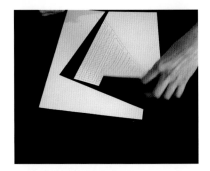

Dieses preisgekrönte Design eines Schülerclubs und Gemeindezentrums lässt sich von dem Gedanken der Nachhaltigkeit leiten und baut dabei auf die der Origami-Faltung innewohnenden Festigkeit. 90 Prozent der vorwiegend auf Papier basierenden Baumaterialien sind entweder recycelt oder lassen sich wiederverwenden. Die Schüler, die man in den Gestaltungsprozess einbezog, sammelten Pappe, die recycelt und zu Bauelementen verarbeitet wurde. Während die Pfeiler innen Schülerbilder schmücken, wird außen das Origami-Thema mit einer Faltanleitung für den in der Gegend heimischen Reiher aufgenommen ∎

Land
Großbritannien
Architektur-Design
Cottrell and Vermeulen
Ingenieurberatung
Buro Happold
Ausführende Firma
CG Franklin
Origami-Reiher-Abbildungen
Simon Patterson
Auftraggeber
Westborough Primary School
Hersteller
Papier und Pappe: Paper Marc
Pappröhren: Essex Tube Windings
Platten: Quinton and Kaines
Materialien
Pinwände und Bauplatten aus recycelten Zeitungen
Recycelte Pappröhren
Wabenpanele aus recycelter, laminierter Pappe

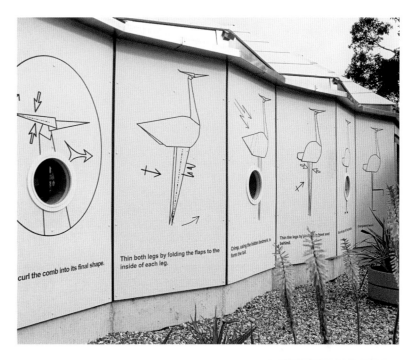

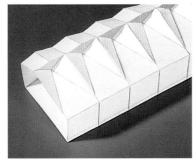

Für die Menschen, die nach
dem Erdbeben 1995 in Kobe ihr
Dach über dem Kopf verloren
hatten, boten diese Papier-
Blockhäuser eine ideale Lösung:
Sie sind preisgünstig und
einfach zu bauen, sie wirken
warm und gefällig. Mit der Hilfe
Freiwilliger aus dem Boden
gestampft, ruhen diese Häuser
auf mit Sand gefüllten Bier-
kästen und bestehen aus
4 Millimeter dicken Pappröhren.
Selbstklebendes Schaumstoff-
Klebeband hält die Röhren
zusammen und schützt sie vor
Nässe. Die Häuser bewährten
sich so gut, dass man sie
für den Katastropheneinsatz
in der Türkei und in Indien
adaptierte ■

Für die Wiederverwendung
gedacht ist auch diese anmutige
Kirche mit Gemeindezentrum
für die Obdachlosen in Kobe,
die man nach den gleichen
Prinzipien errichtete. An dem
mit Polycarbonat-Vorhängen
verkleideten Gebäude fallen
sofort die spektakulären Säulen
aus Pappröhren ins Auge.
Sie bilden den Innenraum und
tragen das zeltartige Dach ■

Land
Japan
Architektur-Design
Shigeru Ban Architects
Bautechnik
**Häuser: Hinoru Tezuka,
TSP Taiyo, Eiichiro Kaneko
Kirche: Gengo Matsui,
Shuichi Hoshino, TSP Taiyo,
Mihoko Uchida**
Materialien
**Recycling-Pappröhren
Polycarbonat-Platten
PVC-Zeltmembran**

Obwohl dieses elegante, der Schwerkraft trotzende Museum für Kinderkunst in Nemunoki nicht vollständig aus Papier ist, lässt sich das für den Großteil der Dachkonstruktion schon behaupten. Spezielle durch Wabenstrukturen verfestigte Kartonverbundplatten wurden hergestellt, denen eine Innenverleimung zusätzlichen Halt gibt. Zusammen mit dem dazwischen steckenden Sperrholz bilden sie die Hauptbauelemente. Das hexagonale Muster der auf Stahlsäulen ruhenden Dachkonstruktion entsteht mithilfe speziell gestalteter Aluminiumklammern. Interessanterweise fand diese Pappwabenstruktur auch die Zustimmung des deutschen Bauministers ∎

105

Land
Japan
Architektur-Design
Shigeru Ban Architects
Bautechnik
Van Structural Design
Ausführende Firma
TSP Taiyo
Auftraggeber
Mariko Miyagi
Materialien
**Kartonverbundplatten
mit Wabenkern
Sperrholz
Aluminiumklammern
Stahlsäulen**

Die EXPO 2000 in Hannover stand ganz im Zeichen der Umwelt, und so sah man für den japanischen Pavillon eine Konstruktion vor, die sich nach dem Abbau recyceln ließe. Zwar musste Shigeru Ban auf Druck der deutschen Behörden Abstriche machen, doch trotz allem bestand das spektakuläre Bauwerk hauptsächlich aus Papier. Die Dachkonstruktion, in der über eine Länge von 20 Metern 440 Pappröhren aus Recycling-Papier steckten, entstand in dreiwöchiger Bauzeit und wurde Röhre für Röhre über eine manuelle Bühne gehoben. Die Innenwände entstanden nach demselben Konstruktions-prinzip wie die im Museum für Kinderkunst, die Außenhaut bildete eine Membran aus speziell von Ban entwickeltem wasserbeständigem, schwer entflammbarem Papier. Der Kreis schloss sich zu aller Zufriedenheit, als ein deutscher Pappröhren-Hersteller die Röhren erwarb und recycelte ■

Land
Japan
Architektur-Design
Shigeru Ban Architects
Architektur-Beratung
Otto Frei
Bautechnik
Buro Happold
Ausführende Firma
Takenaka Europe
Auftraggeber
**Japan External
Trade Organization**
Hersteller
Sonoco Europe
Materialien
**Pappröhren aus Recycling-
Papier
Kartonverbundplatten
mit Wabenkern
Papiermembran**

108 Nachhaltigkeit bildete den konzeptionellen Hintergrund für das „Shared Ground"-Projekt im Londoner Millennium Dome. Über die BBC-Kindersendung „Blue Peter" waren Kinder in ganz Großbritannien aufgerufen, je fünf Pappkarten einzusenden, die dann zu 100 Baupappröhren recycelt wurden. Diese wurden mit Hochspannungskabeln, Wabenpaneelen und Jalousien aus Recycling-Papier zu einem dynamischen Spiralbau vereint. Ergänzend dazu wurde ein Bildungsprogramm entwickelt, und schließlich, um das Thema Nachhaltigkeit zu betonen, sollte das Bauwerk der Wiederaufbereitung zugeführt werden ■

Land
Großbritannien
Architektur-Design
Spence Associates
Beteiligte Architekten
Gumuchdjian Associates
Architektur-Beratung
Shigeru Ban
Bautechnik
Buro Happold
Ausführende Firma
Mivan
Auftraggeber
NMEC
Hersteller
Röhren: Sonoco Europe
Materialien
Pappröhren aus Recycling-Papier
Kartonverbundplatten mit Wabenkern
Papierjalousien

Mehr Papier Design Ausstellung und Skulptur

110 Vorsichtig die Ecken des
Quadrates lösen. Behutsam
beiderseitig entlang der
Kurvendiagonalen kniffen
und dann die rechte obere
Ecke langsam herunterholen
und in der winkligen
Aussparung positionieren.

Um bei Schwedens Einwohnern
im dortigen „Jahr der Architektur"
Interesse für die eigenen Bauwerke zu wecken, entwickelten
Designer diese überall in der
Stadt an Laternenpfählen ange-
brachten Kartonrahmen. Diese
einfache Öffnung funktioniert
erstaunlich gut: Man schaut
hindurch, weil man gern wüsste,
was es dort zu sehen gibt.

Land
Schweden
Design
Happy Forsman & Bodenfors
Designer
Gavin Smart
Artdirector
Anders Kornestedt
Auftraggeber
**Schwedisches Museum
für Architektur**
Druckerei
Aare
Papier
**Mit seidenmatt gestrichenem
Kunstdruckpapier
kaschierte Graupappe**

MITSUKOSHI

Diese Schaufenstergestaltung
bewirbt die Falten von „Dragon
Dance", einem neuen Produkt
von Issey Miyake. Um die im
Namen steckende Spannung
und Energie in drachenähnliche
Formen zu übersetzen, nutzte
man die traditionelle Papier-
laternentechnik. Mit Kunststoff
überzogenes Papier wurde
bedruckt, geschnitten, gefalzt
und mit feinem Draht verstärkt.

Land
Japan
Design
Sayuri Studio
Designer
Sayuri Shoji
Auftraggeber
Issey Miyake
Papier
Yupo 820 g/m²

Diese Monumentalwand mit
1300 Kästchen wurde zur
Einführung eines neuen
Shampoos entworfen. Ein
ebensolches, mit Produktproben
befülltes Kästchen wurde den
Gästen auf der Einführungs-
veranstaltung überreicht.

Land
Japan
Designer
Schaufenster: Sayuri Studio
Geschenkbox: Akiko Jinnai,
Sayuri Shoji
Auftraggeber
FT Shiseido Company
Papier
Einbandpapier mit
Perlmutt-Optik

Diese exquisiten Kreationen sind, das mag überraschen, nicht aus Stoff. Malerin und Designerin Isabelle de Borchgrave ließ sich vom Katalog *Revolution in Fashion* des Kostüm-Instituts Kyoto inspirieren und beschloss, einige der Stücke aus ihrem Arbeitsmaterial Papier zu kreieren. Bald wurde eine Leidenschaft daraus. Zusammen mit Kostümbildnerin Rita Brown hat sie Kostüme aus Museen weltweit interpretiert. Reine Reproduktionen sind das freilich nicht. Der Übergang zur Papierform und ein Spitze bzw. Stoff evozierender Farbauftrag lassen diese Kostüme imposant erscheinen. Hier nur ein kleiner Ausschnitt aus einer verblüffenden Kollektion, die kürzlich um die Welt ging.

Land
Belgien/Kanada
Designer
Isabelle de Borchgrave
Kostümbildnerin
Rita Brown
Ausstellung
**Papiers à la Mode,
Wanderausstellung**
Papier
Schnittmusterpapier
Wellpappe
Linsenpapier

116 Inspiration für diese wunder-
vollen Bücherskulpturen boten
Werke, denen wir Wissen
entnehmen. Die architektoni-
schen Formen entstehen,
indem man die Seiten von
Nachschlagewerken, einmal
gebundene Bücher, einmal
Taschenbücher, unterschiedlich
falzt. In einigen Fällen sind
die Buchblöcke umgebunden
und zu neuen Formen verdreht
worden, in anderen wurden
Seiten herausgelöst und in
eine Origami-Schmetterlings-
sammlung verwandelt.
Stets werden die Eigenschaften
des Papiers betont, und wie
die Bücher auch verändert sein
mögen, dem gespeicherten
Wissen tut es keinen Abbruch ∎

Land
Großbritannien
Designer
Jennie Farmer
Auftraggeber
Jennie Farmer
Material
Gefundene Bücher

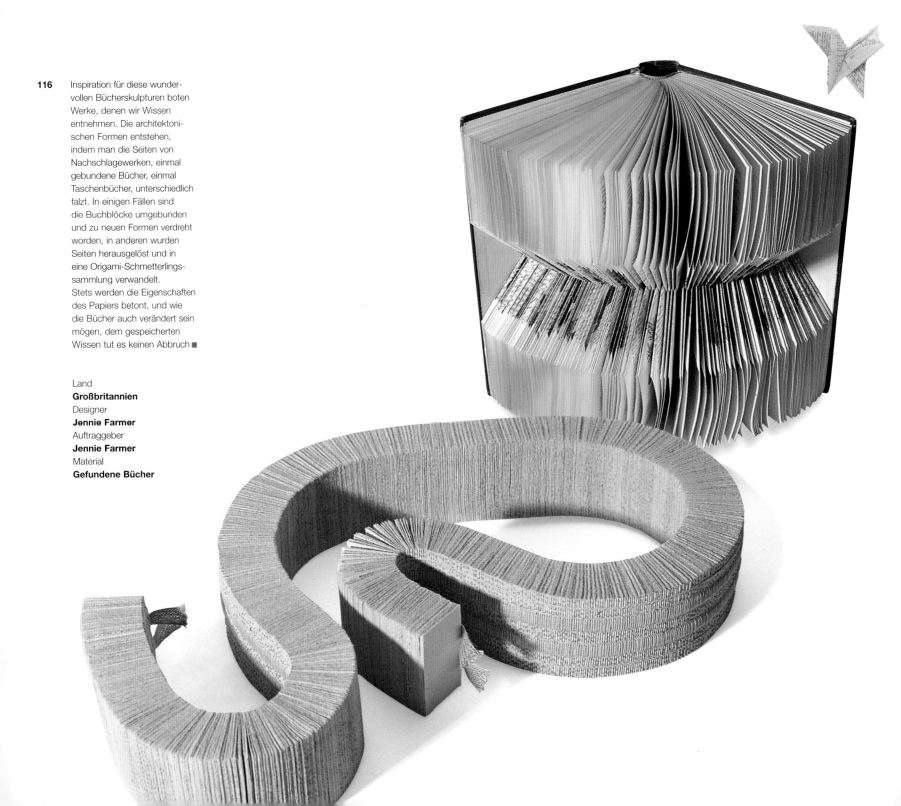

Diese kleine Skulptur, die für eine Ausstellung mit dem Titel „L'eau" (Das Wasser) geschaffen wurde, besteht aus ausgewählten Mineralwasseretiketten, die so geschnitten sind, dass sie Seeanemonen gleichen. Diese wurden um Magnete gewickelt, so dass sich ihre Anordnung variieren lässt ■

Land
Schweiz
Designer
Sonja Trachsel
Ausstellung
L´eau, The Market of Applied Arts, Lausanne
Materialien
Papieretiketten von Mineralwasserflaschen
Blech
Magnete

Diese „Buchziegel"-Installationen
sollen uns vor Augen führen,
wie wichtig und unverzichtbar
das Buch als Baustein des
Wissens ist. Unter Verwendung
traditioneller Buchproduktions-
techniken wie Schuberfertigung
und Farbschnitt wurden
unterschiedliche Bauten bzw.
„Bibliotheken" konstruiert.

Land
USA
Design
Pentagram, New York
Designer
Abbott Miller
Auftraggeber
Kiosk
Ausstellung
**Brick/Book, Andrea Rosen
Gallery**
Druckerei
Studley Press
Papier
**Einband: Fox River Crushed
Leaf 80#
Textseiten: Fox River
Coronado
60# Smooth White**

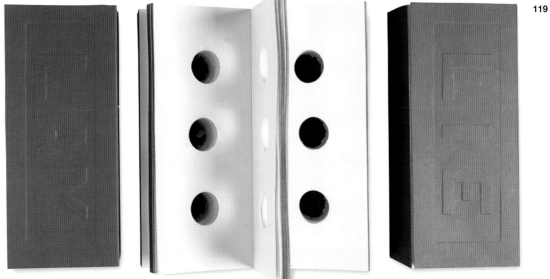

120 Diese faszinierende Papier-
skulptur ist das Produkt von
Fertigkeiten und Techniken, wie
man sie nur selten zu Gesicht
bekommt. Obwohl der Künstler
auch größere Bauten entwirft,
besteht dieses Exemplar einfach
aus Kopierpapier. Die „unein-
nehmbare Festung" erhebt sich
wie von Zauberhand aus der
Oberfläche eines schlichten
Blattes Papier.

Land
Dänemark
Designer
Peter Callesen
Ausstellung
**Galerie Koch und Kesslau,
Berlin**
Papier
Kopierpapier 80 g/m²

Mehr Papier Design Mode und Accessoires

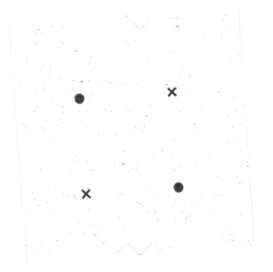

Diese zarten „Spitzengewänder", **123**
Teil der Kollektion „Unvollendet"
aus dem Kostüm-Institut
Kyoto (eine Schenkung von
Comme des Garçons Noir),
sind das Produkt einer
traditionellen japanischen
Ausschneidetechnik, mit der
man Muster auf Textilien
schabloniert. In diesem Falle
wird die Schablone, das
Thema der Kollektion
versinnbildlichend, selbst
zum Kleid.

Land
Japan
Designer
**Rei Kawakubo, Comme des
Garçons Noir**
Ausstellung
Kostüm-Institut Kyoto
Material
**Japanisches
Schablonenpapier**

124

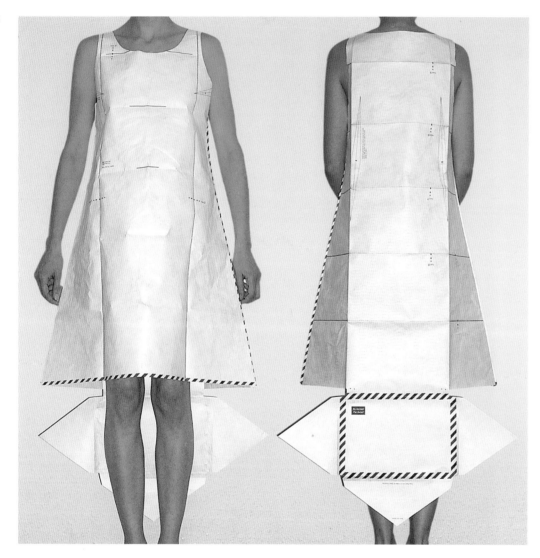

Dieses witzige und – man möchte es kaum glauben – waschbare Kleid kombiniert den Stil eines Schnittmusters mit einem Luftpostbrief samt Tragehinweis. Dazu gehört ein Satz Anstecker, welche die Abnäher fixieren, die Passform verbessern und die Verpackung verschließen. Der als Schleppe angepasste Umschlag lässt sich nach Belieben abtrennen.

Land
Großbritannien
Designer
Mode: Hussein Chalayan
Grafik: rebecca and mike
Auftraggeber
Hussein Chalayan
Material
Tyvek®

Dieses von einer britischen Boulovardzeitung in Auftrag gegebene Hochzeitskleid ist passenderweise aus über 250 gefalteten, zusammengenähten Blüten aus Zeitungspapier gefertigt. Die Verbindung von Falten und Bildern bringt eine üppige visuelle Textur hervor ∎

Land
Großbritannien
Designer
Rachael Sleight
Auftraggeber
The Sun,
News Group Newspapers
Material
Recyceltes Zeitungspapier

Das Missverhältnis zwischen dem Aufwand für ein durchschnittliches Hochzeitskleid und seinem einmaligen Auftritt ließen die Designerin dieser wunderschönen Robe auf Papier zurückgreifen, das, wie der Zufall so spielt, für das erste Jahr der Ehe steht. Dabei kann die Braut dem (flach verpackten) Kleid ihre persönliche Note verleihen, indem sie aus einer Kollektion von Rock, Oberteil, Turnüre (Gesäßpolster) und Blüten wählen darf. Noch ökonomischer wird das Ganze dadurch, dass sich die Stanzreste des Spitzenmusters als Konfetti verwenden lassen.

Land
Großbritannien
Designer
Rachael Sleight
Auftraggeber
Rachael Sleight
Material
Rock: Fabriano Spa
Kartuschpapier 120 g/m²
Japan-Papier und Band
Mieder: Krepp-Papier
Turnüre und Blüten:
Fabriano Spa
Kartuschpapier 120 g/m²

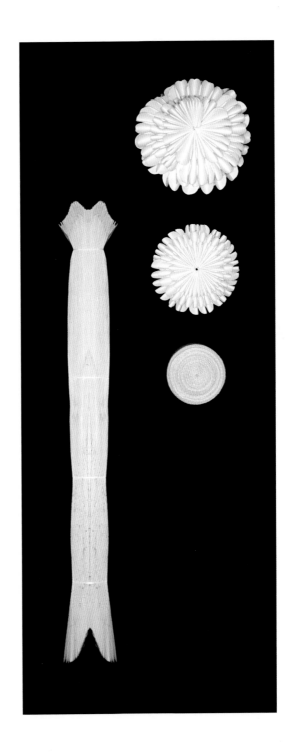

128 Die Arbeiten dieser Designerin, die in mehreren Disziplinen zu Hause ist, kreisen um Papier und Papierersatz. Das Oberteil links ist aus Papier geformt, das aus Leinenfasern handgeschöpft wurde. Ein durchdachter Schnitt sorgt für Passgenauigkeit, die natürlichen Kanten des Materials werden zum dekorativen Element. Das „Schnittkleid" gegenüber basiert auf einem Tyvek®-Rahmen mit wahllos verwobenen feinen Fäden aus demselben Material.

Land
Großbritannien
Designer
Kei Ito
Auftraggeber
Kei Ito
Material
Oberteil: Handgeschöpftes Leinenpapier
Kleid: Tyvek®

130 Diese Designerin behandelt
Papier wie kostbaren Schmuck.
Auf der abgebildeten „Stadt-
tasche" finden sich kleine aus
Magazinen ausgeschnittene
Bilder, die neu arrangiert diesen
Mosaikeffekt erzeugen ■

Land
Schweiz
Designer
Sonja Trachsel
Auftraggeber
Sonja Trachsel
Druckerei
Sonja Trachsel Villé
Materialien
Recycelte Magazinseiten
Segeltuch

Diese dekorativen Anstecker
schmückt unterschiedlich
vorbedrucktes Papier.
Die Muster stammen von der
Innenseite von Luftpost-
Briefumschlägen und diversen
Stadtplänen ■

Land
Großbritannien
Designer
Mark Pawson
Auftraggeber
Mark Pawson
Materialien
Luftpost-Briefumschläge
Stadtpläne

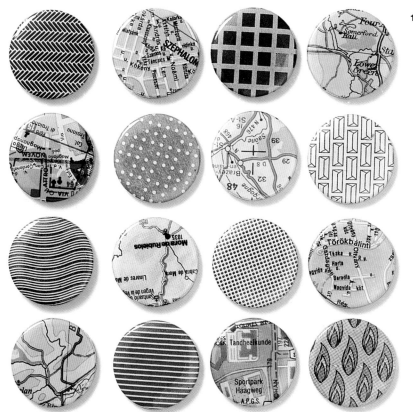

132 Dieser außergewöhnliche, aus
einem papierähnlichen Material
entstandene Kopfschmuck
gehört zu einer der eigens
für eine Tanzkompagnie
angefertigten Kollektion. Die
Kombination von Leichtigkeit
und Steifigkeit der Form, die
sich mit Stoff nicht erreichen
ließe, eignet sich gut für die
Bewegungen im Tanz.

Land
Großbritannien
Designer
Kei Ito
Auftraggeber
Yolande Snaith
Theatre Dance
Material
Polyestervlies

Mehr Papier Design Verpackung

Die Sonne in der Flasche wird
hier auf schönste Weise
illustriert. Die im Stanzverfahren
aufgestiegene Sonne scheint ein
Loch hinterlassen zu haben,
durch das hindurch der Wein
sichtbar wird.

Land
Großbritannien
Design
Kysen
Auftraggeber
Vignerons Catalans
Papier
Centaure 80 g/m²

136 Die ursprünglich für holländische Tulpenzwiebeln gedachten Tüten aus recyceltem Packpapier eignen sich auch hervorragend als Verpackung für „howies: 100% organic T-shirts", und sie spiegeln das Umweltethos des Unternehmens. Die eigentlich zur Belüftung der Zwiebeln eingearbeitete Netzöffnung bietet eine gute Sicht auf die innen liegenden Textilien ∎

Land
Großbritannien
Design
Carter Wong Tomlin
Auftraggeber
howies
Druckerei
Fiorini International, Italien
Papier
**Recycelte
Blumenzwiebeltüten
aus Packpapier**

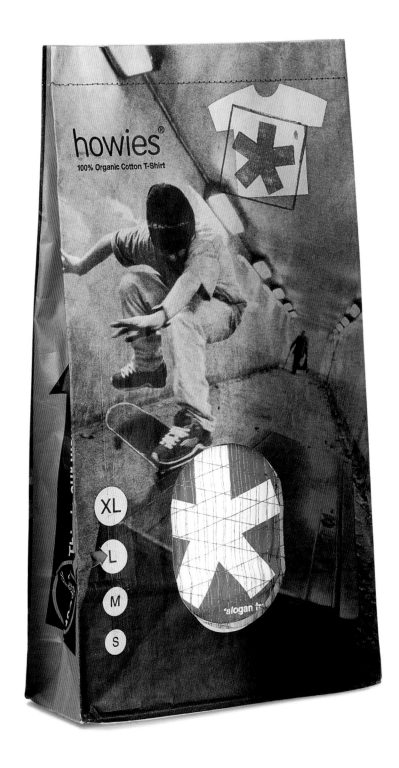

138 Diese elegante, zurück-
genommene Gestaltung von
Geschäftspapier für den
Anbieter eines exklusiven
Firmengeschenke-Service nutzt
vom Briefkopf bis zur Luxus-
Geschenkverpackung stets
dasselbe Mittel: Jedes Stück
wird von einem Papierband
umschlungen, das sich, gefalzt
und gestanzt, hübsch in sich
schließt. Die gedämpften Farben
und die Blindprägung heben
den Sinn für Qualität, den diese
Verpackung verrät.

Land
Großbritannien
Design
Pentagram, London
Designer
Hazel MacMillan
Laura Coley
Artdirector
John McConnell
Auftraggeber
Langford & Co
Druckerei
Fernedge
Hersteller
Schachtel: M&M Bell
Papier
Band: Canson Ingre

140 Nur ein Viertel der Blüte ist auf den Boden dieser wunderschön gestalteten Geschenkverpackung aufgedruckt. Und dennoch erscheint sie vollständig. Die Wände der Schachtel sind innen mit Spiegelpapier ausgekleidet. Um den verblüffenden Effekt noch zu verstärken, sind schwarze Rosenstiele auf das Silber gedruckt.

Land
Japan
Design
Draft
Designer
Yoshie Watanabe
Auftraggeber
Vitras
Druckerei
Pastel Company
Hersteller
Schachtel: Kinko Package Company
Papier
Milt Ga 105 g/m²
Ga Bagasse weich 105 g/m²

Diese für ein japanisches Ver-
sandhaus entworfene beidseitig
verwendbare Verpackung sorgt
für Unterhaltung beim Kunden.
Sind die Streifen außen, so
verspricht man sich einiges vom
Inhalt; innen bieten sie eine nette
Überraschung. Variationen
erzielte man mit Änderungen in
der Farbpalette, wobei sich
gleichzeitig die Kosten für die
aufwändigen Druckplatten
rechneten ■

Land
Japan
Design
Sayuri Studio
Designer
Sayuri Shoji
Yoshiko Shimizu
Auftraggeber
Felissimo Corporation
Papier
Wellkarton

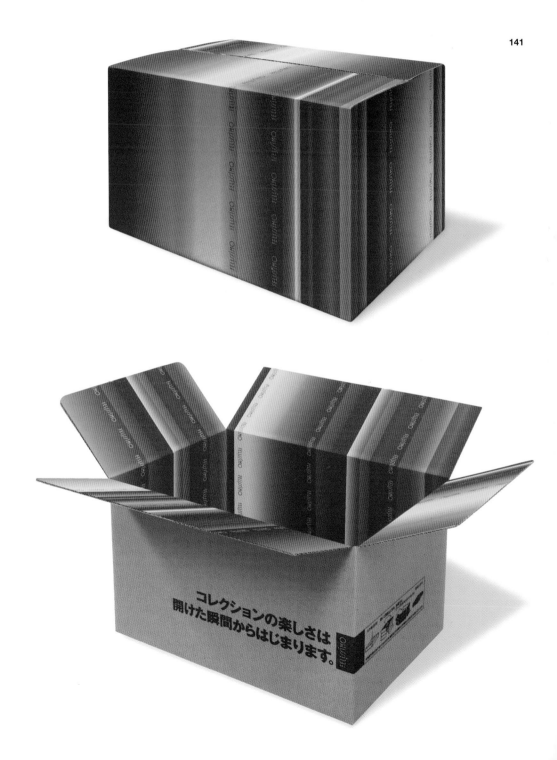

142 Schönes Papier, antikes Band
und Lasertechnik verleihen
dieser Verpackung einen
Ausdruck, in dem sich das Spiel
von altmodischen Details und
ultramodernem Design der
Top-Modedesignerin spiegelt.
Das Logo im Laserschnitt besitzt
Star-Qualität und besticht sogar
neben dem Band.

Land
Großbritannien
Design
The Partners
Designer
Greg Quinton
Jack Renwick
Auftraggeber
Stella McCartney

Diese zauberhaft zarten
Origami-Schachteln sind für
gezuckerte Mandeln kreiert
worden, die man auf einer
Hochzeit Gästen überreicht.
Aus Fettpapier entstand
ein einzigartiges Design,
das hie und da regelrecht
aufzublühen scheint.

Land
Italien
Designer
Sachiko Mizoguchi
Auftraggeber
Dovetusai
Hersteller
Sachiko Mizoguchi
Papier
Fettpapier

144 Kaum zu glauben, dass dieses Kunstwerk als Verpackung für den CD-Satz der Oper „Sampled Life" von Ryuichi Sakamoto entstand. Reflektiert wird das Werk des Avantgarde-Komponisten von einer Reihe Booklets in unterschiedlichen Größen und Bindungen in einer Fülle von Weiß, Lack, Schwarz und Grau. Die feine, doch komplexe Art, in der die Informationen innen präsentiert werden, regt den Leser an, in das Werk einzutauchen, es zu interpretieren und eigene Schlüsse zu ziehen.

Land
Japan
Design
Nakajima Design
Designer
Hideki Nakajima
Artdirectors
Hideki Nakajima
Norika Sky Sora
Auftraggeber
Warner Music Japan
Druckerei
Agle
Papier
Gussgestrichenes
Kunstdruckpapier
Matt gestrichenes
Kunstdruckpapier
Seidenmatt gestrichenes
Kunstdruckpapier
Ungestrichenes
Japan-Papier

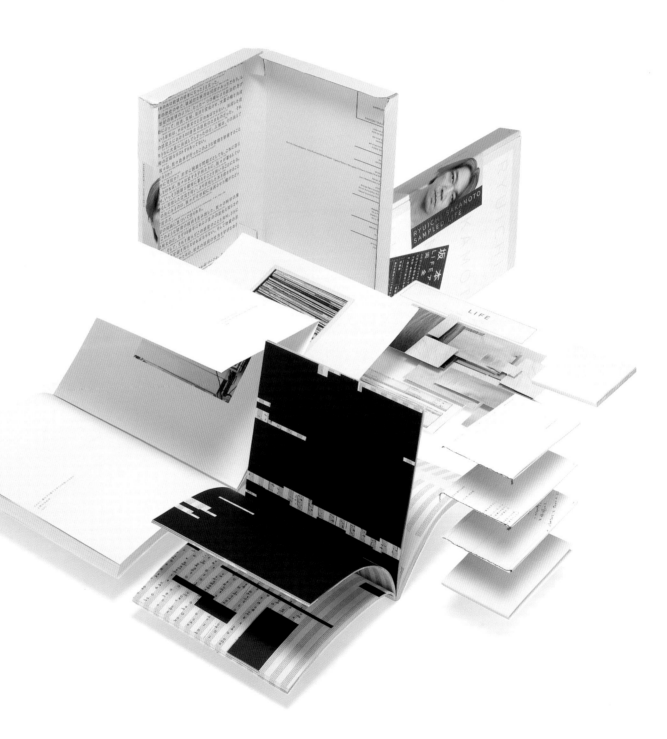

Mehr Papier Design Produkt

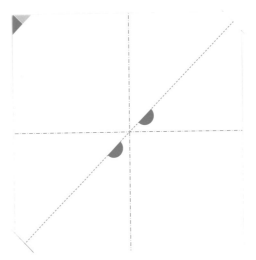

146   **Lesezeichen** Muster lösen, diagonal falten, wobei die Symbole außen bleiben. Öffnen, übrige Falze (Symbole innen liegend) erstellen. Die drei mit einem Dreieck markierten Enden zusammenfügen und das vierte Ende nach innen in Richtung Punkt falten. Nun kann das Lesezeichen rechts oben auf die Seite aufgesteckt werden. Wird das Lesezeichen nicht gebraucht, so lässt es sich in den rechtwinkligen Schlitz einstecken.

Für dieses Katzenhaus aus
recyceltem Zeitungspapier und
den *Gelben Seiten* verwendete
man Schichten aus Pappmaché.
Es entstand eine belüftete
Glocke, in der es das Tier warm
und bequem hat – die Katze
auf dem Bild machte keinerlei
Anstalten herauszukommen –
und die in Gestalt und
Beschaffenheit ästhetisch
überzeugt ■

Land
Großbritannien
Design
Andrew Vaccari
Designer
Andrew Vaccari
Hersteller
Andrew Vaccari
Material
**Papiermasse aus
Zeitungspapier und**
Gelbe Seiten

148   Das Gehäuse dieser Pappuhr
mit der amüsanten Aufschrift
„time-travel" (Zeitreise) wächst
als Postsache auf die doppelte
Größe an und erhält mit der
Adressierung automatisch
eine persönliche Note. Die Uhr
wird durch einen integrierten
Aufsteller vervollständigt ■

Land
Großbritannien
Design
Northwards
Draught Associates
Designer
Chris Jackson
Paul Stafford
Auftraggeber
2pm Limited
Hersteller
2pm Limited
Druckerei
Colour Graphics
Material
Wellpappe E-Welle 150 g/m²
Test Brown 150 g/m²

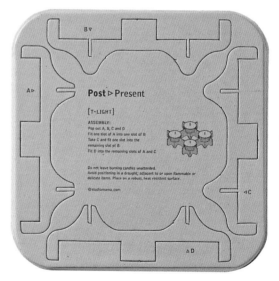

Flächiges in die dritte Dimension
bringen – darin liegt die Stärke
dieser Designerin. So lässt
sich die „Geschenkpost" aus
vorgestanzter Pappe vom
Empfänger in einen Kerzenhalter
(links) verwandeln.
Der pfiffige Stifthalter entsteht,
indem man das „Innenleben"
zweier Kleiderbügel (rechts)
ineinander verschränkt ■

Land
Großbritannien
Design
Studiomama
Designer
Nina Tolstrup
Auftraggeber
Studiomama
Hersteller
Allingham Hansen, Dänemark
Material.
Bügel: Graupappe 3 mm
**Kerzenhalter: Graupappe
2 mm**

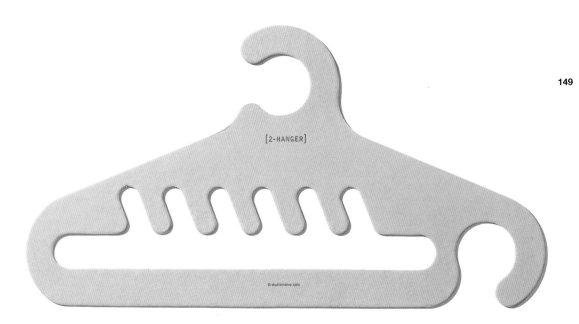

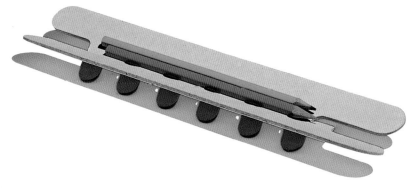

150 Recycling in Reinkultur – ganz ohne Chemie entstehen diese Behälter aus unbenutzten, zusammengenähten Plakaten. Die Oberflächengestaltung variiert je nach Plakatwahl ∎

Land
Niederlande
Designer
Jos van der Meulen
Auftraggeber
Goods
Material
Recycelte Plakate

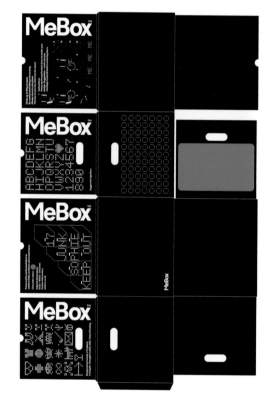

Die Schönheit dieses Aufbewahrungssystems liegt in seiner Vielseitigkeit. Die aus einem Bogen Wellpappe gefertigten zweilagigen Kisten sind mit einer vorgestanzten Kreismatrix versehen. Ausgestanzt gibt sie den Blick frei auf die darunter liegende Kontrastfarbe und lässt sich sowohl zum Etikettieren als auch zum Dekorieren des Behältnisses nutzen. In diesem Falle übermitteln sie in aufgestapelter Form eine weitaus umfangreichere Botschaft für eine Ausstellung ∎

Land
Großbritannien
Design
Graphic Thought Facility
Auftraggeber
Graphic Thought Facility
Material
Wellpappe

152

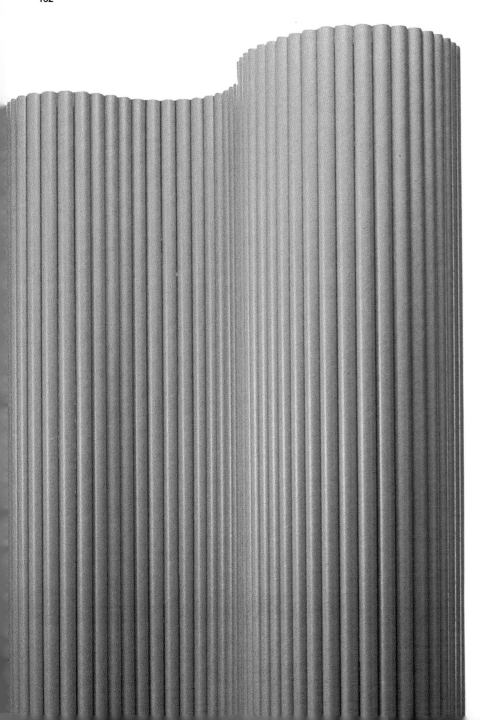

Neben spektakulären
Bauwerken entwirft dieser
Architekt elegantes Mobiliar
aus Papier. Zu sehen ist ein
Exemplar aus der Serie „Carta",
die vollständig aus Pappe
und feinen Papierröhren
hergestellt ist ■

Land
Japan
Design
Shigeru Ban Architects
Designer
Shigeru Ban
Hersteller
Cappellini
Material
Papierröhren
Pappe

Bei dieser witzigen Lampe zum Verschicken sind Verpackung und Produkt eins. Die ganz individuell gestaltbare Rolle enthält alles, was man zum Bau einer Leuchte benötigt, einschließlich einer speziell geformten Büroklammer, die sich um die Lampenarmatur legt und den Schirm hält ■

Land
Großbritannien
Design
2pm Limited
Designer
Stewart Robbins
Auftraggeber
2pm Limited
Hersteller
2pm Limited
Material
Papprohre
Kunststoffkappen
Pergamentstreifen
Elektrik
Glühlampe
Büroklammer
Aufkleber
Montageanleitung

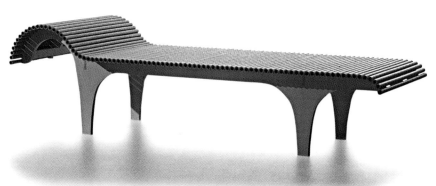

154 Entworfen für Kinder und junge Leute, die ständig in Bewegung sind, nutzt diese Möbelserie nahezu alle Eigenschaften von Papier aus. Die durch innovative Verbindungen geformten und gefestigten Stücke lassen sich, gestanzt, gefalzt und fixiert, so verwenden, wie sie sind, aber auch vom Besitzer verschönern. Der Tischsatz wurde mit dem American International Design Resource Award prämiert ■

Land
Kroatien
Design
Ksenija Jurinec
Auftraggeber
Ksenija Jurinec
Material
Wellpappe

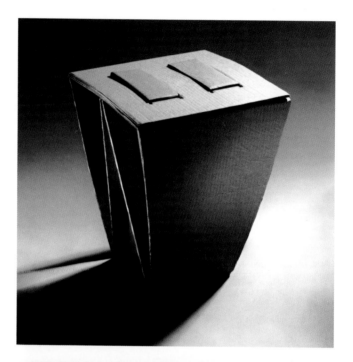

Obwohl dieses Schaukelpferd mit Charakter auf einem Holzrahmen ruht, setzt es sich an der Oberfläche aus mehreren Lagen Packpapier zusammen. Das Packpapier, dessen Wärme und Behaglichkeit man schätzt, wurde mit einer abwischbaren Schicht überzogen, auf der Kinder gern trommeln.

Land
Schweiz
Designer
Robert A. Wettstein
Auftraggeber
Robert A. Wettstein
Material
Packpapier
Holzrahmen

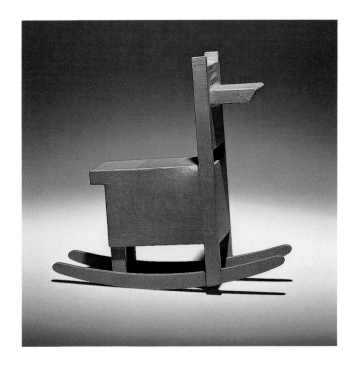

Angeregt durch Arbeiter in São Paulo, die mit dem Sammeln von ausrangierten Kisten ihren Lebensunterhalt bestreiten, wollten diese Designer ausprobieren, was sich aus Schachteln machen lässt. Der vielschichtige Ansatz verleiht dem Objekt große Festigkeit, während die Wellpappe aufgrund ihrer Beschaffenheit Licht durchscheinen lässt ■

Land
Brasilien
Design
Campana Objetos
Designer
Fernando und
Humberto Campana
Auftraggeber
Campana Objetos
Material
Wellpappe 3 mm
Aluminiumrahmen

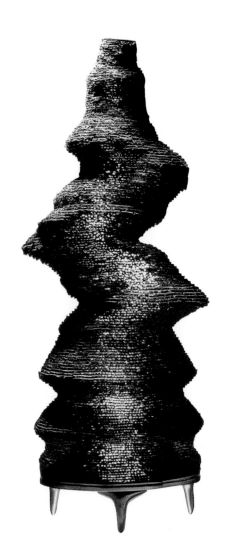

Das Werk dieses Designers verzaubert wie sein Titel „Midsummer Night" (links). Während viele Papiermöbel wuchtig erscheinen, könnte sein Design hinsichtlich der Wirkung fragiler nicht sein. In Schichten angeordnet, üben die subtilen Stanzmuster schon eine gewisse Faszination aus.

Land
Großbritannien
Designer
Tord Boontje
Hersteller
Artecnica
Material
Tyvek®

Geometrische Formen und das Arbeiten mit vorgefundenen Objekten faszinieren diesen Designer. Auch ein Kaffeebecher aus Pappe kann wie hier bei „Espresso Light" (rechts) durchaus anregend wirken. Insgesamt 42 Becher und zwölf Dichtungen stecken, nur ineinander verschränkt, in dieser außergewöhnlichen Leuchte, und ließen sich beliebig auch in andere Objekte verwandeln.
Die Idee des Recyclings fortführend, werden Verwendungsmöglichkeiten für Schnittabfall vorgeschlagen. Bei einer weiteren Leuchte aus derselben Kollektion bediente man sich dabei der Deckel von Instantsuppenbechern ∎

Land
Großbritannien
Designer
Lothair Hamann
Material
Papier-Espressobecher
Weißer Karton

158 Die „MaMo Nouchies"-Leuchten-Serie erhält ihre Inspiration aus Japan. Der Name setzt sich übrigens aus den Namen ihrer Schöpfer (Dagmar Mombach und Ingo Maurer) sowie dem Isamu Noguchis zusammen, dem diese Kollektion gewidmet ist. Mombach gibt dem Papier unterschiedlichste Formen durch Falten und Ziehen in einer Reihe von Arbeitsgängen, die auf eine traditionelle japanische Textilfärbetechnik zurückgehen.

Land
Deutschland
Designer
Dagmar Mombach
Ingo Maurer
Hersteller
Ingo Maurer
Material
Maßgefertiges Japan-Papier
Edelstahl
Verspiegeltes Glas

„Zettel'z" spielt als reizvoller Leuchter mit der Wirkung, die Papier auf Lichtqualität hat. Der Zettelschmuck birgt Gedichte, Mitteilungen und wunderschöne Kalligrafien. Auch weiße, individuell gestaltbare Blätter sind darunter. Das feine Papier wiegt sich beim leichtesten Lufthauch und bildet einen ausgeprägten Kontrast zu den Metallarmen und den umgearbeiteten Büroklammern, welche die Zettel halten.

Land
Deutschland
Designer
Ingo Maurer
Hersteller
Ingo Maurer
Material
Japan-Papier
Edelstahl
Hitzebeständiges Mattglas

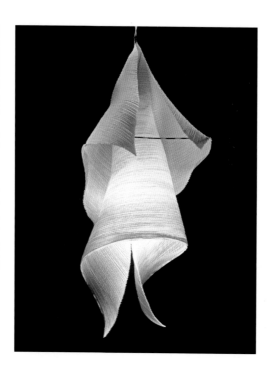

160 Mit traditionellen Verfahren, die in der Regel Wegwerf-dekorationen vorbehalten sind, ist ein brillanter Sessel entstanden, der zart und zugleich täuschend massiv wirkt. Die Konturen dieses aus einem Wabenstrukturpapier geschnittenen Stückes bestimmt der Benutzer, was dem Ganzen eine sehr sinnliche und organische Form verleiht.

Land
Japan
Design
Tokujin Yoshioka Design
Designer
Tokujin Yoshioka
Auftraggeber
Tokujin Yoshioka
Hersteller
Tokujin Yoshioka
Material
Seidenpapier mit Wabenstruktur

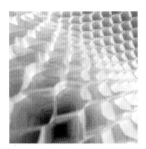

Dieser Abschnitt enthält ein Verzeichnis der Fachbegriffe und Techniken, welche direkt oder indirekt mit Papier in Zusammenhang stehen. Die Einträge sind alphabetisch geordnet und gegebenenfalls mit Querverweisen versehen. Aufgrund der Fülle der Verweise auf Binde- techniken und Japan-Papier, sind diese unter den Begriffen **Buchbinderei** bzw. **Japan- Papier** zusammengefasst.

Abaka Pflanze, bekannter als Manila-Hanf. Siehe **Hanf**

Abmehlen Wenn die Farben des **Offsetdrucks** nicht auf der Oberfläche haften bleiben und abgerieben werden können, spricht man von „abmehlen".

Abriebfähigkeit Eigenschaft der Papieroberfläche.

Abschmutzen Ein Bild auf der Druckseite überträgt Farbe auf die davorliegende Rückseite.

Absorbierfähigkeit Maßgabe nach einem Standardtest für die Feuchtigkeitsaufnahme von Papier.

Andruck Überprüfung des Farbsatzes mit der Druckmaschine.

Anlagekante Mit dieser Kante werden die Bogen an die Druckmaschine angelegt.

Anschlagfreier Druck Druckverfahren, bei dem mittels Laser, Tintenstrahl oder Hitze das Bild ohne mechanische Einwirkung auf das Papier übertragen wird.

Anschnitt Reproduktionen von Fotografien gehen über das endgültige Seitenformat hinaus und erscheinen im Anschnitt.

Anstanzen Stanzen der Deckschicht, nicht der Trägerschicht von selbstklebendem Papier.

Antikdruckpapier Ein Druckpapier mit rauer, aber guter Druckoberfläche; wird im Buch- druck aufgrund seines Volumens geschätzt, existiert in einfacher oder gerippter Form.

Archivpapier Sehr haltbares Papier, nicht nur säurefrei, sondern auch lignin- und schwefel- frei; wird häufig beim Restaurieren historischer Dokumente verwendet.

Ausschießen Systematisches, druckgerechtes Anordnen einzelner Seiten, damit diese nach dem Drucken und Falzen in der richtigen Reihenfolge liegen.

Bambus Heute kaum noch zur Papierherstellung verwendet; hat kurze, nadelförmige Fasern.

Bankpost auch **Hartpost** Bezeichnet leichte Papiere in einer **Grammatur** zwischen 40 und 60 g/m². Diese Papiere sind auch gut für Durchschreibesätze geeignet.

Basisgewicht Gewicht des Papiers in Gramm pro Quadratmeter (g/m²).

Batik Verfahren, bei dem die nicht zu färbenden Partien mit Wachs abgedeckt werden.

Baumwolle Reste aus der Textilherstellung, **Linters**, werden in einem Spezialverfahren aufbereitet und für hochwertige Papiere verwendet. Auch Baumwollstoffe können für die Papierherstellung wieder aufgeschlossen werden **(Hadernpapier)**.

Berstfestigkeit Maß für den Widerstand des Papiers gegen Druckbeanspruchung senkrecht zur Papierfläche.

Beschickung Mischen von Papierbrei mit Kaolin, Kreide o. Ä.

Bibeldruckpapier siehe **Luftpostpapier**

Blatt Blatt Papier in einem Buch, bestehend aus Vorder- und Rückseite.

Bogendruck Bezeichnet das Bedrucken von geschnittenem Papier im Gegensatz zum Rollendruck. Die Qualität ist meist höher als beim Rollendruck, da die einzelnen Bogen mit unterschiedlicher Maschineneinstellung bedruckt werden können.

Breitbahnpapier Papier, bei dem die Faserlaufrichtung quer zur längeren Seite verläuft, im Gegensatz zu **Schmalbahnpapier**.

Bristol-Karton Weicher Karton von hoher Qualität.

Bronzieren Bestäuben der nassen Druckfarbe mit Metallpulver.

Buchbinderei:

Ansatzfalz Teil eines Einbandes, der an den Rücken grenzt und beim Binden an den Buchblock geklebt wird.

162

Ausklappbare Seite (Fold-out) Seite, die sich über Doppelseitengröße hinaus aufklappen bzw. auseinanderfalten lässt. Wird meist zu Illustrationszwecken zwischen jeweils zwei Blätter geheftet; es gibt aber auch Bücher, die nur ausklappbare Seiten enthalten.

Ausschießen Druckgerechtes Anordnen der Buchseiten, damit diese nach dem Drucken und Falzen in der richtigen Reihenfolge liegen.

Bibliothekseinband Gebrauchseinband mit hoher Festigkeit und Lebensdauer; besitzt aufgenähte Bänder, verstärkte Kapitalbänder und einen dicken Ledereinband.

Binden Vereinigen von Einzelblättern oder Falzbogen mit Draht, Klebstoff oder anderen Mitteln.

Binderand Innerer Rand eines Falzbogens, dort, wo die Bogen durch Heften befestigt werden.

Blasenbildung Kann bei extrem gestrichenen Papieren auftreten, wenn die Druckfarben mit Heatset-Offset aufgebracht werden.

Blatt Blatt Papier in einem Buch, bestehend aus Vorder- und Rückseite.

Blindprägung Prägung ohne Farbe. Alle Bildstellen stehen erhaben aus dem geprägten Stoff hervor. Nicht geeignet für Materialien, die kopiert, gefaxt oder in den Laserdrucker gegeben werden.

Buchbinderleinwand Baumwollgewebe zum Überziehen von Bücherdeckeln. Siehe **Steifleinen**

Buchbinderpappe Wird als Grundstock für den Bucheinband verwendet, in der Regel mit Leinwand, Leder, Papier oder sonstigen Materialien überzogen.

Buchblock Zusammengetragene, geheftete und geschnittene Falzbogen vor dem Einbinden.

Buchdecke Einheit aus Vorder- und Rückendeckel mit Bezugsmaterial. In die Buchdecke wird der geheftete Buchblock eingehangen bzw. eingelegt (oft mit Verlagseinband verbunden).

Bücherschreib Hochwertiges, satiniertes, vollgeleimtes, radierfestes Schreibpapier, das zur Herstellung von Geschäftsbüchern verwendet wird.

Buchrücken Schmalseite, an der die Buch- oder Broschurenblocks befestigt werden.

Buchschraube Kunststoff- bzw. Metallschraube und Gewindehülse zum Verschrauben von Loseblattsammlungen.

Bundsteg In den Rand laufende, unbedruckte bzw. bedruckte Fläche zwischen zwei gegenüberliegenden Seiten.

Bünde Schnüre bzw. Litzen, auf die Teile des Buches aufgebracht werden. Versenkte Bünde liegen flach oder leicht über der Oberfläche des Rückens. Erhabene Bünde sind nicht eingearbeitet, sondern bilden Wülste am Rücken.

Dentelle Dekor, ähnlich einem Spitzenmuster, das sich den Deckelrand entlangzieht.

Einklebung Einbringen eines Einzelblattes, einer getrennten Abbildung, eines Vorsatzblattes oder Bogens in ein Buch mit einem schmalen Klebeband.

Fadenrückstichheftung Verfahren, bei dem der Faden von einer Seite des Bogens auf die andere geführt wird und dann durch die sich auf der Rückseite bildende Schlaufe geschlungen wird.

Flexibler Ledereinband Oft mit übergreifenden bzw. überstehenden Kanten; Bibeln werden häufig so gebunden.

Fensterfalz (Altarfalz) Besondere Falztechnik, wobei die Hauptseite von rechts und links bedeckt wird.

Format Ergibt sich aus der Anzahl der Falzungen eines Bogens:

1 x gefalzt = 2 Blatt = Folio
2 x gefalzt = 4 Blatt = Quart(o)
3 x gefalzt = 8 Blatt = Octav(o)
4 x gefalzt zu 12 Blatt = Duodez
4 x gefalzt zu 16 Blatt = Sedez

Frontispiz Ein ganzseitiges Bild gegenüber dem Titelblatt, Verzierung auf dem Vortitelblatt eines Buches.

Futter Auf die Innenseite des Deckels aufgebrachtes Material, separat zum Vorsatzblatt. Zum Einsatz kommen hier Leder, Pergament oder Seide.

Gaze Baumwollgewebe mit lockerer Fadenstellung, das zum Bekleben des Buchrückens zur Stabilisierung eingesetzt wird.

Ganzeinband Einbandart, bei der das Buch vollständig in ein Material gebunden ist.

Gerundeter Rücken Gerundete Form des Buchblocks.

Halbband Bucheinband, bei dem der Rücken und die Ecken aus einem hochwertigeren Material (häufig Leder) bestehen als der Rest des Einbandes.

Häubchen entstehen, wenn am Kapital das vorstehende Leder des Einschlags auf die Höhe des umgelegten Kartonstreifens getrieben wird.

Heftbindung Bindung, bei der Einzelblätter bzw. Bogen durch Faden oder Draht miteinander verbunden werden.

Heftdraht Hochwertiger Rund- oder Flachdraht; zum Schutz vor Rost verzinkt, verzinnt oder verkupfert; wird in Klammern geheftet.

Hinterkleben Verfestigen und Stabilisieren des Buchblockrückens durch Ankleben eines Gaze- bzw. Kraftpapierstreifens.

Hochformat Format, bei dem die Rückenlänge mehr als 20 Millimeter größer ist als die Basislinie.

Hohlrücken Rille zwischen Rückenkante und Deckel; soll das Aufschlagen dicker Ledereinbände im Gelenk erleichtern.

Holländern Zusammenheften einer bzw. mehrerer Lagen ohne Bünde, d. h. durch Aufnahme der Schlaufe der vorangegangenen Lage.

ISBN Internationale Standard-Buchnummer zur individuellen Kennzeichnung von Büchern und Veröffentlichungen.

Japanische Heftung Es gibt vier traditionelle Arten: Asa-No-Ha Toji – die Hanffaser-Bindung, Koki Toji – die edle Bindung (auch Kangxi-Bindung), Kikko Toji – die Schildpatt-Bindung und Yotsume Toji – die japanische Vierloch-Bindung.

Kammbindung Bei dieser Bindetechnik werden die Zähne eines flexiblen Kamms durch die am Rand eines Bogens gestanzten Löcher geführt. Siehe **Loseblattbindung**

Kapitalband Zierband an Kopf und Fuß des Buchblockrückens. Dort werden die einzelnen Bogen von oben bis unter den Fitzbund durchstochen und die Fadenschlingen straff um den Pergamentstreifen geführt. Schützt das Buch vor Beschädigungen, wenn es am Kopf aus dem Regal gezogen wird. Wird manchmal auch nur zu Dekorationszwecken auf den Buchblockrücken aufgebracht.

Klammerbindung Zusammenfügen einer Vielzahl von Blättern durch das Einbringen von Metallklammern auf dem Innenrand beider Seiten.

Klappentext (auch **Waschzettel**) Beschreibung bzw. Kommentar zu Autor oder Buchinhalt auf der Klappe des Buchumschlags.

Klebebindung Der Rücken des Buches wird verklebt, bevor **Block** und **Umschlag** zusammengefügt werden. Typisches Anwendungsbeispiel sind Taschenbücher. Die Seiten lassen sich nicht flach aufschlagen und sind nur bei einer Rückenstärke von mehr als drei Millimeter zufrieden stellend zu nutzen.

Klebebindung/Schlitzlochperforier-Methode Binden durch Einbringen von Klebstoff durch Schlitze im Falzbruch des Bundstegs vor Anbringen des Papiereinbandes.

Kopf Oberer Teil eines Buchrückens bzw. einer Buchseite.

Leporello Papier, das wie eine Zieharmonika gefaltet ist; der Rohbogen ist so gefalzt, dass die Falze parallel stehen und jeweils abwechselnd in unterschiedliche Richtungen gefalzt wird.

Letzte Seiten Die letzten Seiten eines Buches: Anhang mit Quellenangaben, Literaturverzeichnisse etc.

Loseblatt-Bindung Besteht aus Einzelblättern, die lose durch Bänder, Schnüre, Drahtösen, Drahtspiralen, Kunststoffkämme, Klemmschienen etc. zusammengehalten werden; wird auch als „mechanische Bindung" bezeichnet.

Ohne Seitennummerierung Nicht auf die Seite aufgebrachte Seitenzahl; leere Seiten haben in der Regel keine Seitenzahl.

Paginierung siehe **Seitennummerierung**

Querformat Format, bei dem die Basislinie mehr als 20 Millimeter größer ist als die Rückenlänge.

Raupe Kleine Wulst, die durch den Knoten eines Kapitalbandes entsteht.

Rekto Blattvorderseite.

Rückendrahtheftung Gefalzte, am Bund geschlossene Bogen werden ineinander geführt und am Rücken mit zwei oder drei Drahtklammern geheftet.

Schmutztitel Blatt nach dem Vorsatzblatt vor dem eigentlichen Titelblatt.

Schwanz Der unterste Teil des Buchrückens.

Schweizer Bindung Art der Buchbindung, bei der der fadengeheftete Buchblock nur auf der Rückseite in die Buchdecke eingeklebt wird. Das hat den Vorteil, dass das Buch komplett zu öffnen ist, ohne die Bindung zu beschädigen und dass das Buch so liegen bleibt.

Seitenstichheftung Heften einzelner Blätter seitlich durch den Block.

Signatur Falzbogen.

Steifleinen Starkes, hochwertiges Bucheinbandmaterial aus Leinengewebe bzw. einem Mischgewebe aus Leinen und Baumwolle.

Titelei Umfasst die ersten Seiten eines Buches, z. B. Schmutztitel, Haupttitel, Impressum, Vorwort, Inhalts-, Abkürzungs- und evt. Literaturverzeichnis. In älteren Büchern ist sie in der Regel mit römischen Seitenzahlen versehen.

Titelseite Vorderseite des dritten oder vierten Blattes in einem Buch; auf ihr sind der vollständige Buchtitel und andere wichtige Angaben wie Name des Autors, Verlagsname, Erscheinungsjahr etc. zu finden.

Überheften Seitliche Fadenheftung; zur Verstärkung einer Lage bzw. zum Verbinden von Einzelblättern mittels Heften durch den inneren Seitenrand.

Umschlag Schutzumschlag gebundener Bücher.

Verlagseinband Bindung für in maschineller Massenproduktion hergestellte Bücher mit Buchdecke (im Unterschied zum Pappband).

Vorderschnitt Teil des Buchblocks, der dem Buchrücken gegenüberliegt.

Vorsatzpapier Reißfestes Doppelblatt, das Buchdecke und Buchblock verbindet.

Wulst Dickenzuwachs bei den gehefteten Falzen, der auf den Heftfaden oder auf Restaurierungsarbeiten zurückzuführen ist.

Zeichenband Schmales, an den Rücken geklebtes Webband, das zum schnellen Auffinden von Textstellen dient.

Zusammentragen Zusammenstellen der einzelnen Lagen in der richtigen Reihenfolge bei der Fertigung eines Buches.

Bücherpapier Auch Werkdruckpapier; Oberbegriff für Papiersorten, die in der Buchherstellung verwendet werden.

Bürstenstreichverfahren Bei Spezialpapieren wird die aufgetragene Streichfarbe mit oszillierenden Bürsten unter Verwendung von Kaolin geglättet.

Büttenrand Feiner Rand geschöpfter bzw. handgeschöpfter Papiere; wird auch bei maschinell hergestellten Papieren imitiert.

Butterpapier Echtpergamentpapier, etwa wie fettdichtes Papier.

Butzen Auf dem bedruckten Papier sichtbare Verunreinigungen der Druckfarbe.

C1S C2S Abkürzung für einseitig bzw. beidseitig gestrichen.

Chine collé Drucktechnik, bei der einseitig mit Klebstoff versehenes dünnes Papier auf ein Blatt schweres Papier gebracht und in die Druckpresse gegeben wird.

Chlorverbindungen Chemische Verbindungen, die bei der Herstellung von Pulpe und Papier zum Bleichen beigesetzt werden. Siehe **TCF** und **ECF**

Chromalin Fotoabzug zur Überprüfung des Farbsatzes.

Chromokarton Mehrlagiger Karton, dessen Nutzschicht von hoher Qualität ist.

Chromopapier Einseitig gestrichenes Papier von hoher Qualität, vergleichbar mit **Kunstdruckpapier**.

CMYK Steht für Cyan, Magenta, Yellow und Key (Schwarz), die Prozessfarben im Vierfarbdruck.

Collage Technik, bei der durch Aufkleben von Papierausschnitten, Fotos oder anderen Materialien auf einen Untergrund ein neues Bild entsteht.

Daumenaussparung Aussparung für den Daumen; erleichtert das Öffnen.

Dickdruckpapier Billige, maschinell hergestellte Papierqualität für Taschenbücher, Comics etc.

DIN Abkürzung für Deutsche Industrie-Norm, das Normmaß entspricht den internationalen ISO-Standards. Das größte Bogenmaß DIN A0 (841 x 1189 Millimeter) wird jeweils durch Schneiden in der Mitte der Längskante in die proportional kleineren DIN-A-Maße unterteilt. Zwischenformate, die nicht der DIN A entsprechen, werden als B-Formate bezeichnet. B0 hat ein Format von 1000 x 1414 Millimeter. Die zur DIN A passenden Hüllen werden mit C gekennzeichnet, DIN C5 z. B. nimmt Bögen im Format DIN A5 auf.

Doppelsiebmaschine Papier- bzw. Kartonmaschine mit zwei separaten Flachsiebpartien, deren Papierbahnen zu zweischichtigem Papier oder zweischichtiger Pappe gegautscht werden.

DPI (Dots per inch) Anzahl der Rasterpunkte, internationale Maßeinheit auf der Basis von Zoll. 137 dpi entsprechen z. B. einem metrischen 54-er Raster.

Druckstock Papier-, Metall-, Kunststoff- bzw. Gummiträger des von einer Druckpresse zu reproduzierenden Bildes.

Druckwalzen Im Farbwerk einer Druckmaschine ein System von Walzen mit unterschiedlicher Oberfläche, das Druckfarbe aus einem Farbkasten auf die Druckform transportiert.

Dufex Ein eingetragenes Verfahren, bei dem mit speziell gravierten Platten die Oberfläche von mit Aluminiumfolie beschichtetem Papier oder Karton geprägt wird. Damit wird die Reflektionsfähigkeit der Oberfläche verstärkt, Bewegung und Tiefe kommen hinzu. Das Verfahren lässt sich allein nutzen – nur Dufex – oder aber, um die auf Folie gedruckten Bilder unter Verwendung von transparenter Farbe zu behandeln. In der Regel wird dieses Verfahren bei Grußkarten, Buchumschlägen und verschiedenen anderen kommerziellen Artikeln angewandt.

Durchschlagen Wenn die Druckfarbe von der bedruckten Seite auf deren Rückseite durchdringt, spricht man von „Durchschlagen"; abhängig von Farbauftrag, Papierstärke und Saugfähigkeit des Papiers.

Durchschreibesätze Mehrere Bogen selbstdurchschreibenden Papiers. In das Papier werden bei der Herstellung in einem speziellen Verfahren umhüllte Farbpigmente eingebracht, die bei mechanischer Belastung freigesetzt werden.

ECF (Elementar-Chlor-Frei) Zellstoff-Bleichverfahren, bei dem kein elementares Chlor in Form von Chlorgas verwendet wird, deshalb elementar-chlorfreies Bleichen; chlorfreie Papiere.

Egoutteur Wasserzeichenwalze.

Elfenbeinkarton Wird sehr oft für Visitenkarten, Eintrittskarten oder Speisekarten verwendet.

164 **Elastizität** Eigenschaft von Papier, nach Entlastung bei Dehnung zu den Anfangsdimensionen zurückzukehren.

Emailpapier Einseitig hochglänzendes Papier.

Emulsion Schicht lichtempfindlicher Chemikalien auf Papier.

Endlospapier Bedruckte oder unbedruckte Bogen, die im Übergang perforiert sind; wird besonders für Drucker an EDV-Anlagen verwendet.

Espartopapier Rohstoff ist ein „Esparto" genanntes Gras aus Nordafrika, das für sehr weiche Schreib- und Druckpapiere verwendet wird.

Etikettenpapier Eine Vielzahl von Papierarten; einseitig mit Klebstoff versehen.

Faltschachtelkarton Kartonagenpappe; weißer, mehrlagiger Karton von hoher Qualität; gestrichen, imprägniert oder laminiert, mit hervorragenden Falteigenschaften.

Falzmaschinen Hier unterscheidet man prinzipiell zwei Typen: Bei der Stauchfalzmaschine, auch Taschenfalzmaschine genannt, wird das Papier in rotierende Walzen hineingetaucht. Bei der der Schwertfalzmaschine drückt ein Messerbalken den flachen Papierbogen zwischen zwei rotierende Walzen zur Falzung.

Falzqualität Beschaffenheit eines Falzes.

Falzwiderstand Festigkeit von Papier und Karton, messbar in Falzapparaten (Doppelfalzung).

Farbannahme Annahme einer Druckfarbe auf einer zuvor gedruckten Farbe.

Farbaufbau Entstehen einer neuen Farbe durch das Überlappen zweier oder mehrerer Farben.

Farbbalance Bezieht sich auf den Anteil der Prozessfarben, welche die Farben des Originals simulieren.

Farbechtheit Qualitätsmerkmal bei eingefärbten Papieren.

Faserrichtung Bei geschöpften und handgeschöpften Papieren ist die Faserrichtung eher zufällig, bei maschinell hergestellten Papieren kann die Faser mit oder entgegen der Laufrichtung ausgerichtet sein. Das kann folgende Auswirkungen haben: Papier reißt leichter entlang der Faser, und der Falz ist in dieser Richtung leichter und schärfer. Beim Anlegen der Druckbogen ist die Faserrichtung wichtig für die Präzision von Druck und Weiterverarbeitung.

Faserstoff Bezeichnung für eine Vielzahl von Materialien, aus denen Papier hergestellt wird, u. a. Baumwolle, Leinen, Jute.

Feinpapier Oberbegriff für Papiere von hoher Qualität.

Feinpostpapier Oberbegriff für ungestrichene Schreibpapiere.

Fettdichte Papiere Fettdichte wird durch längeres Mahlen des Papierbreis oder durch Pergamentieren erzielt; es werden auch Zusätze verwendet.

Feuchtigkeitsgehalt Kontrollierte Feuchtigkeit im Papier, wird in Prozentwerten des Grammgewichts angegeben.

Filz Dekorative, raue Oberfläche einiger Papiere, wird durch Abdecken mit Filz beim Trocknen erzielt.

Flächengewicht Flächenbezogene Masse von Papier. Siehe **Grammatur**

Flax Pflanze, deren Fasern zur Papierherstellung genutzt werden.

Flexodruck Vielseitiges Stempeldruckverfahren; Drucktechnik, bei der mit Gummi- bzw. Kunststoffplatten beklebte Zylinder oder gravierte Gummizylinder die Druckformen tragen; wird vorwiegend zum Bedrucken von Verpackungsmaterialien eingesetzt.

Fluoreszierende Farben Spezielle Druckfarben mit hoher Leuchtkraft.

Fluoreszierendes Papier ist mit fluoreszierenden Pigmenten eingefärbt oder beschichtet, die durch UV-Licht zum Leuchten angeregt werden.

Foliendruck Beim Drucken wird eine dünne Kunststoff- oder Metallfolie unter Wärmeeinwirkung mit einem speziellen Werkzeug auf das Papier gebracht.

Folienpapier, Folienkarton Papiere und Karton mit metallbeschichteter Oberfläche, die in der Regel bei der Herstellung von Kartons, Etiketten und Verpackungen, besonders im Lebensmittelbereich, eingesetzt werden.

Folienprägung Ein Bild mit Folie überziehen und prägen.

Formation Struktur und Einheitlichkeit der Faserverteilung im Papier, so wie sich diese bei durchfallendem Licht zeigt.

Fourdrinier-Maschine Von Nicholas-Louis Robert erfundene und nach den Brüdern Fourdrinier (den Geldgebern im Anfangsstadium der Entwicklung) benannte Papiermaschine, die Papier mittels eines mit einem Drahtsieb ummantelten Zylinders bei hoher Geschwindigkeit herstellt.

Füllstoffe Sorgen für eine harte, opake Oberfläche.

Geisterbild Druckschatten; schwache schattenartige Bildstellen zeichnen sich in Nichtbildstellen oder in flächigen Bildstellen ab.

Geklebter Karton Wird für schwere Umverpackungen, z.B. bei Kosmetikartikeln, verwendet.

Geripptes Papier Wenn geripptes Papier gegen Licht gehalten wird, erscheinen horizontale, feine Wasserzeichenlinien, die durch die Schöpfform entstehen.

Geschäftsbücherpapier Starkes, glattes Hartpostpapier für Geschäftsunterlagen (Archivpapier).

Geschöpftes Papier In Formen geschöpftes, industriell gefertigtes Papier, das handgeschöpftes Papier imitieren soll.

Gestrichene Papiere Durch Auftrag von Kaolin o. Ä. geglättete Papiere.

Glanzpapier Die Papierbahn wird auf einen erhitzten Zylinder gepresst, um Hochglanz zu erzielen.

Glätte Glätte der Papieroberfläche bestimmt Verarbeitung und Wirkung des Druckes.

Grammatur Papiergewicht, das in Gramm pro Quadratmeter (g/m^2) angegeben wird.

Graupappe Wird bei Buchbinderei und Verpackung verwendet, besteht meist aus Altpapier.

Greiferkante Mit diesem Rand wird das Papier an die Druckmaschine angelegt und mit Greifern eingezogen.

Greiferrand Der Greiferbereich kann nicht bedruckt werden.

Gummierte Papiere Standardpapiere, die auf einer Seite mit wasserlöslichem Klebstoff versehen sind.

Gussgestrichenes Papier erhält seinen Glanz nicht durch Satinieren, sondern durch mechanische Glättung an speziellen Trockenzylindern.

Hadern Stoffe und Lumpen, aus denen Papier hergestellt wird.

Hadernpapier Holzfreie Papierqualität auf der Basis von **Hadern** (Lumpen) aus Leinen, Baumwolle oder anderen Faserstoffen.

Handpressendruck Auch Buchdruck; traditionelles Hochdruckverfahren.

Handschöpfform Mit einem rechteckigen Holzrahmen, auf dem ein Metalldrahtsieb befestigt ist, wird ein Papierblatt handgeschöpft.

Hanf Pflanze, deren Fasern zur Papierherstellung genutzt werden. Gehören zu den Fasern, die am längsten zu diesem Zweck verwendet werden.

Heißsiegelpapier Mit hitzeempfindlichem Klebstoff beschichtetes Papier.

Hochdruck Druckverfahren, bei dem die druckenden Stellen höher als die nichtdruckenden liegen wie z. B. beim Holzschnitt, Flexodruck oder Buchdruck.

Holzfrei Aus chemisch zerkleinertem und aufgeschlossenem Holz hergestellte Papiere werden, anders als aus **Holzschliff** hergestellte Papiere, irreführend als „holzfrei" bezeichnet. Wirklich holzfreie, also aus **Hadern** oder Lumpen hergestellte Papiere, haben einen vergleichsweise geringen Anteil an der Gesamtproduktion.

Holzhaltiges Papier Papier, das aus chemisch gebleichter **Zellulose** hergestellt wird, auch Zeitungspapier.

Holzschliff Im Gegensatz zur chemischen Zerkleinerung des Holzes wird der Rohstoff hier durch mechanische Bearbeitung hergestellt. Die erreichbare Qualität wird hauptsächlich für Zeitungen und billige Bücher eingesetzt, da die Papiere nicht sehr haltbar sind und unter Lichteinwirkung schnell vergilben.

Hygroskopisch Bezeichnung für die Eigenschaft von Stoffen, Luftfeuchtigkeit aufzunehmen.

Illustrationsdruckpapier Ungestrichenes, holzhaltiges Papier mit Füllstoffen für gute Bildwiedergabe im Rotationstiefdruck (auch Naturkunstdruckpapier)

Indiapapier siehe **Luftpostpapier**

Inkjet-Papier Spezialpapier bei Verwendung von Tintenstrahldruckern.

Inline Bezeichnung für jeden einzelnen der Arbeitsdurchgänge bis zum fertigen Druckerzeugnis.

Intaglio Tief eingravierte Druckplatten.

Intagliodruck Schnellpressenheliogravüre, bei der das Bild nicht in einem Kornraster, sondern in einem autotypischen Raster zerlegt wurde.

ISO Internationale Standardmaße, entsprechend DIN. Siehe **DIN**.

Japan-Papiere:

Chiri Bezeichnung für die Rinde des Maulbeerbaums; gebräuchlicher Begriff für alle Papiere, die diese Rinde enthalten.

Chiyogami Kraftpapier, bunt bedrucktes *Washi* mit Holzschnitten.

Danshi Einwickelpapier von hoher Qualität, in der Regel Krepp-Papier, für feierliche Anlässe.

Gampi Aus den dünnen glänzenden Fasern dieses Laubbaums entsteht durchscheinendes, sehr hartes Papier.

Gasenshi imitiert chinesisches Kalligrafiepapier.

Goyoushi Papier für den amtlichen Gebrauch.

Hakuoshi Papier, in das Stückchen von Blattgold- bzw. Blattsilber eingebracht sind.

Hansetushi Kalligrafie- und Zeichenpapier.

Hanshi Dünnes, leichtes, beständiges und kostengünstiges Papier für Kalligrafie und Geschäftsbücher.

Hogogami Aus dem 8. Jahrhundert stammende Bezeichnung für „Recycling".

Hosho(shi) Hochwertiges Maulbeerpapier, das für den Druck von Holzschnitten verwendet wird.

Ikkanbari Papier, das zur Herstellung von Kartons und Geschirr eingesetzt wird; das ursprüngliche Verfahren glich dem zur Herstellung von *Pappmaché*.

Kairyo Hanshi als Holzschliff.

Kamiko Papier zur Herstellung von Bekleidung, das durch Laminieren von *Washi* und anschließendes Weichknittern entsteht; wird zuweilen mit Öl bzw. Tannin imprägniert und wasserdicht gemacht.

Kammi-nagato Gegenstände, die aus *Webfäden* oder *Washi*-Schnitzeln hergestellt und anschließend lackiert werden.

Kankoshi Papier, das aus recycelten Briefen verstorbener Verfasser stammt und an „verlorene Seelen" erinnert.

Karakami „Chinesisches Papier", das ursprünglich aus Nordchina kam.

Kirigami Kunst des Papierschneidens.

Kirihaku Papier mit viereckigen Blattgold- und Blattsilbereinschlüssen.

Kozo Maulbeerbaum, aus dessen dicken, starken Fasern Papier hergestellt wird.

Kyokushi Glattes, dickes *Mitsumata*-Papier mit guter Druckoberfläche.

Mino(gami) Maulbeerpapier, das heute zur Schreibpapier- und Buchherstellung verwendet wird.

Mitsumata Pflanze mit langen, starken Fasern, aus denen Papier hergestellt wird.

Moroshifu Feine *Washi*-Schnitzel werden zu Fäden verarbeitet und zu Shifu verwoben.

Mozo Hanshi als Holzschliff.

Nakaori(gami) Danshi oder *Hoshoshi*, längsgeschnitten.

Noge Papier, das Blattgold und Blattsilber in feinen Streifen enthält.

Okuragami Offizielles Archivpapier.

Origami Kunst des Papierfaltens (ori = Papier, kami = falten).

Ryoshi Schreibpapier.

Shifu Kleidungsstücke aus Papiergewebe.

Shojigami Papier zur Herstellung der Schiebetüren in den traditionellen japanischen Häusern.

Shukushi „Trübes" Papier, Recycling-Papier aus **Makulatur**.

Su Flexibles Bambus- bzw. Rohrsieb, das bei der Papierherstellung benutzt wird.

Sugihara(shi) Maulbeerpapier, das traditionell von Samurais und Priestern verschenkt wird.

Suki moyo Ein Begriff, der sich auf Papier bezieht, das während der Herstellung verziert wird.

Suminagashi Japanisches Äquivalent zum Marmorpapier.

Sunagofuri Papier mit Einschlüssen winziger Gold- oder Silberpartikel.

Takeya Shibori Lederimitatpapier zur Herstellung von Handtaschen und Gurten.

Tengiyo Äußerst dünnes Maulbeerpapier, das in einem komplizierten Verfahren entsteht; ursprünglich von Künstlern verwendet, dient es heute als Hülle für Edelsteine und Kunstgegenstände.

Tobikumo Papier, in welches bei der Herstellung indigo und violett gefärbte Fasern eingebracht werden; durch Schütteln wird eine das Blatt durchziehende Trübung erzielt.

Torinoko „Vogelkind"; vermutlich leitet sich diese Bezeichnung von der gelblichen Färbung des ungebleichten Papiers ab, die an Eierschalen erinnert. Dieses *Gampi* wird zur Herstellung von Schreibpapier und Karten, Kunstdrucken, Trennwänden und halbamtlichen Dokumenten verwendet.

Unryu Bedeutet „trübes Drachenpapier" und bezeichnet Papiere, denen Fasern zur Schaffung von Kontrast und *Textur* zugesetzt werden.

Ushikumo Als *Tobikumo* hergestelltes Papier, aber mit Eintrübungen am Rand.

Usuzumigami „Leicht eingefärbtes Papier"; Recycling-Papier aus **Makulatur**.

Washi Wörtlich übersetzt: wa = japanisch, shi = Papier.

Yookanshi Lederimitatpapier zur Herstellung von Handtaschen und Gurten.

Yoshino Spezialpapier für die Lackfiltration.

Kalander Mechanische Glättmaschine in der Papierproduktion.

Kaltgepresstes Papier Mittelraue Qualität der Papieroberfläche. Im Gegensatz zum heißgepressten Papier werden dabei die Blätter ohne Zwischenschicht aus Filz aufeinander gelegt, erhalten eine glattere **Textur** als raues Papier und sind dennoch nicht so glatt wie das durch heiße Metallwalzen geschickte Papier.

Kalzium-/Magnesium-Karbonat-Puffer Zugabe von Kalzium- oder Magnesiumkarbonat zur **Pulpe**, um den natürlichen Säuregehalt von Zellstoff zu neutralisieren.

Kaolin Porzellanerde, die bei der Herstellung **gestrichener Papiere** eingesetzt wird.

Karteikarton Stabiler, belastbarer Karton mit glatter Oberfläche für Karteikarten, Trennblätter

Karton Oberbegriff für schwere Papiere über 220 g/m².

Karton mit Schaumkern wird für Werbetafeln u. Ä. verwendet.

Kartuschpapier Druck- bzw. Zeichenpapier mit guter Dimensionsstabilität, hoher **Opazität** und Volumen; neigt zum Farbabrieb, der sich aber bei Verwendung von Farben mit hohem Wachsgehalt vermeiden lässt.

Kaschieren Flächiges Verbinden zweier Bogen gleichen bzw. unterschiedlichen Materials als Verstärkung oder als Effekt (z. B. matt/glänzend).

166 **Katalogpapier** Gestrichenes Papier mit einem Basisgewicht von 50 bis 75 g/m², das gewöhnlich bei der Herstellung von Katalogen und Zeitschriften eingesetzt wird.
Khadi Baumwollfaser, aus der indisches Papier hergestellt wird.
Klimatisieren Papier wird bestimmten Einflüssen kontrolliert ausgesetzt, um einen Feuchtigkeitsausgleich zu erzielen.
Kohlepapier Mit Wachsfarbe beschichtetes Durchschlagpapier aus **Seidenpapier**.
Kollationieren Überprüfen der gefalzten Bogen auf Vollständigkeit und richtige Reihenfolge.
Kopierpapier Standardqualitäten im A4- oder A3-Format, meist 80 g/m².
Kraftpapier wird aus ungebleichtem Sulfatzellstoff hergestellt (Packpapier); auch in Weiß als gebleichtes Kraftpapier erhältlich.
Kraftzellstoff Hochfester Sulfatzellstoff; entsteht durch Kochen von Holzschnitzeln in Ätznatronlauge mit Schwefelnatriumgehalt.
Krepp-Papier Fein gefälteltes Papier, das sich dehnen und formen lässt.
Kunstdruckpapier Glänzende, gestrichene Papiersorten, deren Oberfläche extrem satiniert ist. Sie sorgen für exzellente Detailgenauigkeit und minimalen Punktzuwachs, der Farbauftrag ist erhaben und trocknet daher sehr schnell. Die Druckfarben wirken oft matter als das Papier.
Kupferstichdruck Traditionelles Druckverfahren mit gravierten Kupferplatten.

Laserdruck Xerografisches Druckverfahren, bei dem ein modulierter Laserstrahl über einen rotierenden Spiegel auf eine Belichtungstrommel gelenkt wird; der Laser erzeugt ein elektrostatisches latentes Bild, das mit Tonern entwickelt wird.
Laserdruckpapier Papier für Laserdrucker mit einer relativen Feuchtigkeit von 30 bis 35 Prozent und glatter, speziell präparierter Oberfläche für eine höchstmögliche Tonerhaftung und zur sofortigen elektrischen Entladung im Drucker.
Lasergravieren Verfahren, bei dem bestimmte, nicht verdeckte Papierabschnitte mittels Laserstrahl verdampft werden.
Laufrichtung Richtung, in der die Papiermasse über die Maschine läuft; bei der Entwässerung auf dem Sieb richten sich die Fasern mehrheitlich in ihrer Länge parallel zur Laufrichtung aus. Siehe **Faserrichtung**
Leimung Auch Hydrophobierung; Widerstand des Papiers gegen Benetzung, Durchdringung und Absorption von Flüssigkeiten; Papier kann massegeleimt oder oberflächengeleimt sein.
Leinen Ähnlich wie Baumwolle zur Produktion hochwertiger Papiere geeignet.
Leinenkaschierte Papiere Papier mit einem Kern aus Leinen oder Musselin, besonders belastbar, für Landkarten, Tragetaschen etc.
Leinenprägung Veredelung von Schreibpapier durch eine dem Muster von Leinen ähnelnde Prägung.
Lichtempfindliche Farbe Verändert sich unter Einfall von UV-Strahlen und Sonnenlicht von farblos zu farbig und wechselt von farbig zu farblos, wenn sie dieser Strahlung nicht mehr ausgesetzt ist.
Lignin Stoff, der in verholzten Pflanzen vorkommt; füllt die Räume zwischen den Zellmembranen aus und lässt sie zu Holz werden.
Linsenpapier Starkes, aber äußerst leichtes Seidenpapier zum Schutz von Linsen; findet auch als Zwischenblatt und Einwickelpapier Verwendung.
Linsenraster entstehen aus mehreren Bildstreifen, die durch eine spezielle Kunststoff-Folie mit linsenförmigen Furchen an der Oberfläche gefiltert werden; so sieht man je nach Betrachtungswinkel verschiedene Bilder, und es entsteht der Eindruck von Bewegung.
Linters siehe **Baumwolle**
Löschpapier Papiere, die sich durch starke Feuchtigkeitsaufnahme auszeichnen.
Luftgetrocknetes Papier Nach der Oberflächenleimung wird dieses Papier in einem warmen Luftstrom getrocknet.

Luftpostpapier Sehr leichte Papierqualitäten unter 40 g/m², auch Florpostpapier, Dünndruckpapier oder Bibeldruckpapier genannt.

Makulatur Verdrucktes Papier, beschädigte Bogen, Beschneideabfall, der wieder für die Papierproduktion eingesetzt wird. Auch für nicht verkaufte Druckwerke aller Art gebräuchlich.
Manilapapier Festes Papier für Briefumschläge; dient ölgetränkt als Schablonenpapier.
Maschinengestrichenes Papier Das Rohpapier wird in der eigentlichen Herstellung gestrichen.
Maschinenglatt sind Papiere, die das Glättwerk der Papiermaschine durchlaufen haben.
Maschinell hergestelltes Papier entsteht in Anlagen, die sich aus den Standardkomponenten Stoffauflauf, Blattbildung, Trocknung und Aufrollung zusammensetzen.
Maßhaltigkeit Bezeichnung für die Verformungsstabilität von Papier bei unterschiedlicher Temperatur bzw. Feuchtigkeit.
Matt gestrichene Papiere Papiere mit einem Kaolin- oder Kreideanteil von 12 bis 22 g/m². Sie zeichnen sich durch gute **Opazität** und Bauschigkeit aus und sind haltbarer als viele **Kunstdruckpapiere**. Gute Lesbarkeit, da die Oberfläche nicht reflektiert.
Metallfarbe Farbe, die Metallpulver bzw. Pigmente enthält, die metallische Reflektionen erzeugen.
Metallpapier Papier, das mit einer dünnen metallische Reflektionen erzeugenden Schicht bzw. ebensolchen Pigmenten überzogen ist.
Mikrometer Messgerät zur Bestimmung der Stärke eines Papierbogens.
Moiré-Effekt macht sich bei der Überlagerung von Rastern oder Linien durch die Entstehung neuer Linien bemerkbar und erzeugt unerwünschte Muster, so z. B. beim Siebdruck durch Überlagerung der Siebstruktur mit Strichmustern im Bild.

Newtonsche Ringe Störeffekt beim Scannen oder Filmemachen. Treffen zwei nahezu plane, durchsichtige Flächen aufeinander, kommt es durch Lichtbrechung zu unregelmäßigen Ringbildungen.

Oberfläche Generelle Bezeichnung für die Nutzseite des Papiers.
OCR-Papier Holzfreies Papier von hoher Qualität für die Verwendung bei optischer Zeichenerkennung.
Offsetdruck Indirektes, chemisches Druckverfahren mit der höchsten Druckgeschwindigkeit. Der Druck erfolgt von einem Gummituch, auf das der Druckzylinder zuvor die Druckform abgegeben hat.
Opazität Gradmesser für das Durchscheinen eines bedruckten Bogens.
Optische Aufheller werden in der Papierproduktion verwendet, um die Leuchtkraft zu erhöhen. Sie absorbieren Licht aus dem UV-Bereich und emittieren im sichtbaren Blaubereich.
Ozalit Lichtpause zur Überprüfung des Satzes, kostengünstigere Alternative zum Andruck.
Ozalitpapier Lichtpauspapier. Nach der Belichtung erfolgt eine trockene Entwicklung durch Ammoniakdämpfe.

Pantone System der Farbzuordnung durch einheitliche Bezeichnungen und Farbmischungsbeschreibungen.
Papiervolumen wird in Gramm pro Kubikmeter (g/m²) gemessen.
Pappmaché frz. „papier mâché" = gekautes Papier; Masse aus Papier und Leim, die sich gut modellieren lässt. Das feste und doch leichte Material eignet sich gut für Verpackungszwecke.
Papröhren (Hartpapierhülsen) In der Regel hergestellt aus parallel- bzw. spiral-gewickelten, verleimten Recycling-Papierlagen. Je nach Hersteller in Größen von 20 bis über

600 Millimeter Durchmesser bei einer Wandstärke von 1 bis 30 Millimeter auf Anfrage. Längen nach Bedarf. Wird in neutraler Materialfarbe ausgeliefert, ist aber auch beschichtet erhältlich. Wird auch als „Papierröhre" bezeichnet.

Papyrus Material, das aus dem in Streifen geschnittenen Mark der gleichnamigen Sumpfpflanze hergestellt wird, indem diese kreuzweise übereinander gelegt, gepresst und getrocknet werden; wird vorwiegend mit dem Alten Ägypten in Verbindung gebracht. Das Wort „Papier" leitet sich von Papyrus ab.

Passer Der genaue Über- oder Nebeneinanderdruck der einzelnen Farben beim Mehrfarbdruck.

Perforation In Papier eingestanzte, aneinander gereihte kleine Löcher oder Schlitze, die das Reißen bzw. Falzen erleichtern.

Pergament Ungegerbte, enthaarte, mit Kalk gebeizte, gespannte und getrocknete Tierhaut.

Pergamin Durchsichtiges Papier für Briefumschläge mit Fenster oder zum Schutz von hochwertigen Bilddrucken.

pH-Wert Maßwert für Wasserstoffionen in Lösungen. Saure Lösungen haben Werte von unter 7, neutrale 7, alkalische über 7.

Polypropylen-Folie Flexible Kunststoff-Folie; erhältlich in vielen Farben, klar oder mattiert.

Prägedruck Das Papier wird beim Drucken erhaben (Patrize) oder vertieft (Matrize) verformt. Bei Verarbeitung ohne Farbauftrag spricht man von Trockenprägedruck oder **Blindprägung**.

Prägeplatten werden u. a. dafür verwendet, auf Buchumschlägen Vertiefungen zu prägen, in die Bilder geklebt werden.

Prägeplattendruck Verwendung von Platten aus Zink oder Messing, die besonders tief graviert sein müssen, zum Prägen von Karton, Bucheinbänden usw. Ein verwandtes Druckverfahren ist der **Stahlstichdruck**.

Pulpe Flüssige Zellstoffmasse oder Papierbrei für die Papierherstellung.

Punktzuwachs Beim Drucken von gerasterten Bildern ist der gedruckte Punkt größer als auf dem Film. Dieser Vorgang wird von Oberfläche, Saugfähigkeit und Druckfarbenauftrag beeinflusst.

Randbeschnitt dient dem randlosen Druck und bezeichnet Seiten- bzw. Bildbereichszugaben.

Recycling-Papier steht als Oberbegriff für diverse Papiersorten und kann für unterschiedlich hergestellte Papiere benutzt werden. Eigentlich bezeichnet Recycling das Wiederverwerten von Altpapier zu 100 Prozent. Aber der Rohstoff kann mit Faserstoff aus der normalen Produktion aus Gründen der Stabilität versetzt werden. Dieser Anteil variiert von Sorte zu Sorte. Der Recycling-Anteil kann sich aus folgenden Materialien zusammensetzen:
– Reste aus dem letzten Arbeitsgang in der Papierherstellung,
– Reste aus der Produktion, die beim Schneiden der Bogen anfallen,
– bedrucktes Papier, das gesammelt, sortiert und der Produktion wieder zugeführt wird. Hier liegt der eigentliche Ansatzpunkt des Recycling-Gedankens. Bei Papieren jedoch, die sehr rein und hell erscheinen, ist der Anteil von bereits verarbeitetem Altpapier relativ gering. Recycling-Papier hat folgende Argumente für seine Verwendung vorzuweisen:
– Die Herstellung verbraucht nur die Hälfte an Energie und ein Drittel an Wasser im Vergleich zu neuem Papier.
– Bei der Produktion werden weniger schädliche Chemikalien eingesetzt.
– Fast die Hälfte des Haushaltsmülls besteht aus wiederverwertbarem Papier; die Kosten für die Beseitigung steigen zunehmend, wobei das Recycling von Papier diese Belastung spürbar senken kann.

Register Das genaue Aufeinanderpassen der Druckseiten auf der Vorder- und Rückseite hinsichtlich des Satzspiegels.

Reißfestigkeit Qualitätskriterium für Papier: das Ausmaß, in dem Papier bei Biege- oder Prägebeanspruchung reißt oder bricht.

Reparaturpapier Spezialpapiere zur Buchrestaurierung, die einen geringen Säuregehalt aufweisen, maßbeständig sind und eine lange Lebensdauer haben.

Ries Maß für Handelsmenge von Papier (früher 500 Bogen), heute: 1 Neuries = 100 Neubruch = 1000 Bogen.

Rillen Bogen werden von der Rückseite, d. h. hinter der Falzkante gerillt, damit sie sich leichter und präziser falzen lassen.

Rissbildung Bruchlinie, die an der Stelle entsteht, wo Papier gefalzt wird.

Rohpapier So wird Papier vor der abschließenden Beschichtung bezeichnet, auch Trägerpapier genannt.

Rolle Papier, das in der Produktion in seiner Gesamtbreite aufgewickelt und transportiert wird, bevor es in Bogen geschnitten wird.

Rollen-Offset Die Prozessfarben werden in einem Maschinendurchlauf nacheinander gedruckt. Das Papier läuft von einer großformatigen Rolle und wird nach dem Druck in Bogen zur Weiterverarbeitung geschnitten und bei einigen Maschinen auch gefalzt und geheftet. Dieses Druckverfahren findet besonders bei großen Auflagen wie bei Katalogen, Magazinen und Illustrierten Anwendung. Die Farbführung kann hier nicht in dem Maße wie im Bogen-Offset beeinflusst werden, aber in puncto Präzision, Geschwindigkeit und Trocknung wurden in den letzten Jahren ganz enorme Fortschritte erzielt.

Rollneigung Neigung des Papiers, sich unter bestimmten Witterungsbedingungen einzurollen.

Rückseitendruck Bezeichnung für das rückseitige Bedrucken bereits einseitig bedruckter Papierbogen.

Rupfen Während des Druckvorgangs werden Bestandteile des Papiers gelöst und verschlechtern das Druckergebnis.

Satinage Auch Kalandern genannt. Abschließendes Glätten des Papiers zwischen Stahlzylindern.

Satiniertes Papier Hochglanzpapier; durch Druck bzw. Reibung zwischen Kalandern geglättet.

Säurefreie Herstellung Bei der Produktion dieses Papiers werden keine Säuren verwendet. Es ist haltbar und vergilbt nicht so schnell.

Scheckpapier Chemisch behandeltes Sicherheitspapier mit **Wasserzeichen** u. a. speziellen Merkmalen ausgestattet, um Fälschungen zu vermeiden.

Schmalbahnpapier Papier, bei dem die Faserlaufrichtung parallel zur längeren Seite verläuft; im Gegensatz zum **Breitbahnpapier**.

Schön- und-Widerdruckmaschine Druckmaschine, die in einem Durchgang beide Seiten eines Druckbogens bzw. einer Rolle bedruckt.

Schöpfsieb Feinmaschiges Metallgewebe, welches das Wasser zurücklaufen lässt, den Papierbrei aber festhält, wodurch sich auf dem Sieb das nasse Papierblatt bildet.

Seidenmattes Papier Oberflächeneigenschaften, für die der Oberbegriff „seidenmatt" verwendet wird, liegen zwischen „matt" und „glänzend". Sie kombinieren teilweise die Eigenschaften der anderen Sorten: Sie eignen sich für Bilderdruck in hoher Qualität, sind aber auch gut lesbar, da sie nicht stark reflektieren.

Seidenpapier Sehr leichte, instabile Papierqualität für Zwischenblätter oder Verpackungen.

Selbstklebendes Papier Bedruckbares Papier auf einer Trägerfolie; die Rückseite ist mit Klebstoff versehen.

Sicherheitspapier Papier, das Fälschungen erschwert. Siehe **Scheckpapier**

Siebdruck Verfahren, bei dem die Druckfarbe durch ein sehr feines Nylonsieb auf das Papier gedrückt wird. Das Sieb wird zuvor auf fotomechanischem Weg belichtet und chemisch

168 entwickelt, so dass nur die zu druckenden Bereiche der Abbildung farbdurchlässig sind. Diese Drucktechnik ist nicht nur für Papier, sondern auch für eine Vielzahl anderer Materialien geeignet. Mit dünnem Papier kann es durch den kräftigen Farbauftrag Probleme geben; ungestrichene Papiere haben im Siebdruck lange Trocknungszeiten.

Siebpartie Endlosbahn, die aus Drähten oder Kunststofffäden gewebt ist. In der Papiermaschine erfolgt die Blattbildung und die Entwässerung des Papierbreis; sie bestimmt die Faserrichtung.

Siebseite heißt diejenige Seite des Papiers, die bei der Papierherstellung auf dem Sieb aufliegt und oft am leichten Abdruck des Metallgewebes auf der Papieroberfläche erkennbar ist.

Signatur Falzbogen.

Skalendrucke Bogen von den einzeln gedruckten Farben eines Druckwerkes. Sie sollen ermöglichen, Fehler bei einzelnen Farbauszügen zu finden.

Smalte Pulverisiertes kobaltblaues Glas, das als Pigment bei der Beschickung dient.

Soja-Tinte Umweltfreundlichere Farbe auf Pflanzenölbasis, deren Pigmente nicht aus Erdölprodukten stammen.

Spritzpistole Stiftförmiges Gerät, mit dem sich Tinte bzw. Farbe fein versprühen lässt.

Stahlstichdruck Ähnlich wie beim **Prägedruck** wird das Papier zwischen Druckplatten beim Farbauftrag verformt. Bei Metallic-Farben wird oft ein zweiter Druckdurchgang ohne Farbe zum Polieren eingesetzt. Für laminierte, lackierte oder gussgestrichene Papiere nicht geeignet.

Stanzen Das Einbringen ungleichmäßiger Formen in Papier und Pappe mit einem Stanzwerkzeug.

Stockflecken Braunverfärbung von Papier in alten Büchern oder auf alten Drucken.

Stroh Aus ökologischen Gründen wird Stroh als Alternative zu Holzfasern bei der Papierherstellung eingesetzt, jedoch noch nicht in großem Maßstab.

Synthetische Papiere werden wie z. B. Tyvek® ganz oder zum großen Teil aus Synthetikfasern, nicht aus Naturfasern, hergestellt.

TCF (Total-Chlor-Frei) Zellstoff-Bleichverfahren, bei dem gänzlich auf Chlor und Chlorverbindungen verzichtet wird.

Tellerbildung Wellenbildung im Papier durch Umwelteinflüsse.

Textur Raue Oberfläche und Struktur von Papier; sie ist entweder durch Rohstoff und Produktion bedingt oder Resultat gezielter Bearbeitung, z. B. bei Leinenpapieren.

Thermochromatische Farbe wechselt die Färbung, erscheint oder verschwindet bei Temperaturveränderung.

Thermografie Mit der Farbe werden bei diesem Verfahren Harze aufgebracht und durch Erhitzen erhabene, glänzende Bereiche erzeugt. In der Wirkung wie Stahlstichprägedruck, jedoch kostengünstiger.

Thermomechanische Pulpe entsteht durch Erhitzung von gehäckseltem Holzstoff unter Druck.

Tiefdruck Drucktechnik, bei der das Papier die Farbe aus einem Druckzylinder mit eingravierten Vertiefungen (Farbnäpfchen) saugt; wird für Zeitschriftendruck eingesetzt.

Tiefdruckpapier Holzhaltiges, satiniertes Papier mit gleichmäßiger Saugfähigkeit, das somit die Farbe während des Druckvorgangs gleichmäßig aufnimmt.

Tintenstrahldruck Druckverfahren, bei dem kleine Tintenpartikel auf die Papieroberfläche geschleudert werden.

Transparentpapier Papiere mit hoher, gleichmäßiger Transparenz.

Triplexkarton besteht aus drei Lagen bzw. aus Decklage, Einlage und Unterlage.

Tyvek® wird von Dupont aus Polyethylenfasern hoher Dichte hergestellt. Das Spinnvlies ist reißfest, leicht und lässt sich wie Papier bedrucken; wird vor allem für Briefumschläge verwendet.

Umschlag Schutzumschlag gebundener Bücher, meist hochwertiges, **gestrichenes Papier**.

Umstülpen Arbeitsvorgang, bei dem der Bogen mit Greifern gedreht und die Rückseite von derselben Rolle bedruckt wird.

Umweltfreundliche Papiere Papier wird u. a. als umweltfreundlich bezeichnet, wenn
– Neuanpflanzungen für den Holzeinschlag veranlasst werden,
– der Rohstoff chlorfrei gebleicht wird (siehe **ECF** und **TCF**),
– ein hoher Anteil anfallender Biomasse, z. B. Stroh verwendet wird,
– Altstoffe aufgearbeitet werden,
– Brauchwasser-Rückgewinnung eingesetzt wird.

Umweltsiegel für Wald und Holz zertifiziert, dass Holz aus Waldbewirtschaftung mit strengen ökologischen, sozialen und ökonomischen Standards stammt. Wird unterstützt durch FSC (Forest Stewardship Council) und PEFC (Pan European Forest Certificate).

Umweltzeichen Von verschiedenen Institutionen in einer Reihe von Ländern eingeführte umweltbezogene Produktkennzeichnung, darunter **Der Blaue Engel** (Deutschland), **NF Environment** (Frankreich), der **Nordische Schwan** (Norwegen, Schweden, Dänemark, Island, Finnland), **Green Seal** (USA), **Eco Mark** (Japan) sowie das **Environmental Choice Programme**, das von Ländern wie Kanada, Neuseeland und Australien unterstützt wird.

Ungestrichenes Naturpapier Dieses leichte, maschinell hergestellte Papier bietet die Vorteile von guter Halbtonwiedergabe und günstigem Preis.

UV-Lack Matte oder glänzende Beschichtung, die durch UV-Licht aushärtet.

Velourspapier Auch Flockpapier oder Florpapier genannt; Papier mit rauer, samtartiger Oberfläche, welche mit statisch aufgeladenen, feinen (ursprünglich Baumwoll-) Partikeln bedeckt ist.

Vellum Eigentlich Pergament aus Tierhaut. Velin-Papiere aus anderen Ausgangsstoffen imitieren dieses Material.

Verfärbung Beim Altern ändert Papier unter Umständen die Farbe. Werden bei der Herstellung Säuren eingesetzt, vergilbt das Papier mit den Jahren und wird brüchig. Farbige Papiere können mit der Zeit ausbleichen.

Veredelung Im letzten Durchlauf des Papiers können eine Vielzahl von Veredelungstechniken eingesetzt werden: Falzen, Stanzen, Lackieren, Prägen u. a.

Verlagseinband Bindung für in maschineller Massenproduktion hergestellte Bücher mit Buchdecke (im Unterschied zum Pappband).

Volumen Je nach Dichte können zwei Papiere gleicher Grammatur unterschiedliche Durchmesser haben.

Wabenkarton Baustoff mit Wabenstrukturkern, der beidseitig mit Papier beklebt ist.

Wasserzeichen Durchscheinendes Zeichen im Papierbogen, das sichtbar wird, wenn man es gegen Licht hält. Wasserzeichen entstehen, indem in die Schöpfform das erhabene Motiv eingesetzt wird. An dieser Stelle ist das Papier dünner und daher durchscheinend.

Weiße bezeichnet die Fähigkeit der Papieroberfläche, Licht zu reflektieren. Ein perfekt weißes Papier hätte einen Wert von 100 Prozent, ein hochweißes Papier erreicht einen Wert von 88 Prozent oder darüber.

Wellenbildung kann sowohl durch Fehler bei der Herstellung wie bei der Weiterverarbeitung oder Lagerung durch erhöhte Feuchtigkeit auftreten.

Wellpappe Pappe, die vorwiegend aus Recycling-Papier hergestellt wird und meist aus drei Komponenten besteht: der Außen- und der Innendeckbahn sowie der Wellenbahn oder Welle, die zwischen die Deckpapiere geklebt wird. Diese stabile Leichtbaukonstruktion verfügt zudem über einzigartige Dämpfungseigenschaften. Wellpappe wird in den folgenden Größen (Angaben in Millimeter) hergestellt:

Einseitige Wellpappe
E-Welle 1,1–1,8; *B-Welle* 2,1–3,0; *C-Welle* 3,2–3,9; *A-Welle* 4,0–4,8
Einwellige Wellpappe
B-Welle 2,95; *C-Welle* 3,78
Doppelwelle
EB-Welle 4,06; *BC-Welle* 6,50; *CC-Welle* 7,33
Wickelfalz Falzart, bei welcher der zuerst gefalzte Teil im Inneren des Falzproduktes zum Liegen kommt; die Falzungen liegen parallel zueinander, jedoch ergibt jede Falzung nur zwei weitere Seiten.
Widerdruck siehe **Rückseitendruck**

Zeichenpapier, Zeichenkarton Geschöpftes oder handgeschöpftes Papier von hoher Qualität, oft oberflächengeleimt und aus Hadern hergestellt.
Zeitungsdruckpapier ist ein stark holz- oder altpapierhaltiges, maschinenglattes bzw. leicht geglättetes Papier mit guter Saugfähigkeit und einem Flächengewicht von 40 bis 52 g/m².
Zellstoff oder **Zellulose** wird aus Holz hergestellt. Durch chemische Behandlung wird u. a. Lignin herausgelöst und der Papierbrei gebleicht.
Zhi Chinesisches Wort für Papier; das berühmteste chinesische Papier ist Xuanzhi. Dieses handgefertigte Papier ist weich und hat die richtige Saugfähigkeit für Kalligrafie und Malerei.
Zickzackfalz Besondere Falzart für **Leporellos**, bei welcher ein Prospekt zum Lesen auseinander gezogen werden kann.
Zweiseitigkeit Bei Papier oder Karton Bezeichnung für die unterschiedliche Oberflächenbeschaffenheit beider Seiten.
Zwischenblätter Unbedruckte Seiten, meist aus **Pergamin** o. Ä. zum Schutz von hochwertigen Illustrationen.

170   **Die Autorin möchte den folgenden Personen für ihre Hilfe und Mitarbeit an diesem Buch danken:**

Rebekah Doody
Bruno Jones
John Stone

Abbildungsnachweis

S. 17 Richard Learoyd, S. 29 Jimmy Fok, S. 58 Gueorgui Pinkhassov (Magnum Fotos), S. 63 Duncan Smith, S. 71 Kevin Summers, S. 74 Jimmy Fok und Peter Merlin, S. 76 Tom Schierlitz, S. 91 Jimmy Fok und Peter Merlin, S. 103–107 Hiroyuki Hirai, S. 108 Richard Davies, S. 114 Andreas von Einsiedel, S. 120 Anders Sune Berg (mit freundlicher Genehmigung der Galerie Koch und Kesslau, Berlin), S. 123 Kazumi Kurigami, S. 128 David Scheinmann, S. 132 Sarah Jones, S. 144 Mikiya Takimoto, Koichi Kuroda und Kazuki Suzuki.

Bibliografie

D. A. Carter und J. Diaz, *The Elements of Pop-Up* (Simon & Schuster Children's Books, New York, 1999)

R. Fawcett-Tang, C. Foges und J. O'Reilly, *Experiment Formats* (RotoVision, East Sussex, 2001)

A. Fuad-Luke, *Handbuch ökologisches Design* (DuMont Verlag, Köln, 2002)

W. Harvey, *The Best of Brochure Design 07* (Rockport, Massachusetts, 2003)

Shereen LaPlantz, *Buchbinden. Traditionelle Techniken. Experimentelle Gestaltung* (Verlag Paul Haupt; Bern, Stuttgart, Wien, 2003)

M. McQuaid, *Shigeru Ban* (Phaidon Press, London, 2003)

Keith A. Smith, *Smith's Sewing Single Sheets – Non-Adhesive Binding*, Bd. 4 (Keith Smith Books, New York, 2001)

H. Teschner, *Fachwörterbuch für visuelle Kommunikation und Drucktechnik* (Ott Verlag, Thun, 1998)

Wolfgang Walenski, *Wörterbuch Druck + Papier* (Vittorio Klostermann, Frankfurt am Main, 1994)

N. Williams, *Papier Design* (Phaidon Verlag, Berlin, 2003)

Hand Papermaking, Bd. 19, Nr. 1, Sommer 2004

How To Fold (The Pepin Press, Agile Rabbit Editions, New York, 2002)

Websites

Verband der US-Forst- und Papierindustrie – www.afandpa.org
Europäischer Dachverband der Zellstoff- und Papierindustrie – www.cepi.org
Freiwillige Produktdeklaration auf Umweltdatenblättern – www.paperprofile.com
Memorandum des Verbandes der britischen Papierindustrie –
www.publications.parliament.uk/pa/cm199900/cmselect/cmenvtra/903m52.htm
US-Umweltschutzbehörde – www.epa.gov
EPA-Bericht über Hausmüll, Papier und Pappe –
www.epa.gov/epaoswer/non-hw/muncpl/paper.htm
Artikel zum japanischen Pavillon auf der Expo 2000 in Hannover –
www.designboom.com/history/ban_expo.html
www.takenaka.co.jp/takenaka_e/t-file/hannover_e
Pappbau an der Westborough Primary School – www.cardboardschool.co.uk
Vereinigung britischer Papierhistoriker – www.baph.org.uk
Glossar buchbinderischer Fachbegriffe (englischsprachig) – www.redmark.co.nz/gla-e.htm
Glossar buchbinderischer Fachbegriffe (deutschsprachig) – www.druckpr.de/buchbinden.htm
Glossar drucktechnischer und grafischer Fachbegriffe www.printindustry.com/glossary.htm
Geschichte der Japan-Papiere und ihrer Bezeichnungen –
www.cedarseed.com/journeys/jappaper.html
www.swicofil.com/products/060paperyarn.html
Verband Deutscher Papierfabriken e.V. – www.vdp-online.de
Papierlexika (deutschsprachig) – www.papyrus.li/Papierlexikon/Lexikon-ABC.htm
www.copyshop-tips.de/lexikon.php